U0697738

多种货币政策工具对投资的影响效应研究

赵 惠 著

中国财经出版传媒集团
中国财政经济出版社

图书在版编目（CIP）数据

多种货币政策工具对投资的影响效应研究／赵惠著. -- 北京：中国财政经济出版社，2023.4
ISBN 978-7-5223-2078-6

Ⅰ.①多… Ⅱ.①赵… Ⅲ.①货币政策－影响－经济效率－研究 Ⅳ.①F014.9

中国国家版本馆 CIP 数据核字（2023）第 048889 号

责任编辑：刘孺泾　　　　责任印制：张　健
责任校对：张　凡

中国财政经济出版社 出版

URL：http://www.cfeph.cn
E-mail：cfeph@cfeph.cn

（版权所有　翻印必究）

社址：北京市海淀区阜成路甲 28 号　邮政编码：100142
营销中心电话：010-88191522
天猫网店：中国财政经济出版社旗舰店
网址：https://zgczjjcbs.tmall.com
北京财经印刷厂印刷　各地新华书店经销
成品尺寸：170mm×240mm　16 开　13.75 印张　197 000 字
2023 年 8 月第 1 版　2023 年 8 月北京第 1 次印刷
定价：59.00 元
ISBN 978-7-5223-2078-6
（图书出现印装问题，本社负责调换，电话：010-88190548）
本社质量投诉电话：010-88190744
打击盗版举报热线：010-88191661　QQ：2242791300

前　　言

当今世界正经历百年未有之大变局，和平与发展仍然是时代主题，人类命运共同体理念深入人心。旧的格局已经打破，新的格局尚未建立，世界进入深度的动荡变革期。我国已进入高质量发展阶段，具有应对不稳定性、不确定性的优势和条件。构建以国内大循环为主体、国内国际双循环相互促进的新发展格局，为我国经济社会发展拓展了更大空间。"十四五"时期是我国经济迈向高收入国家的冲刺阶段，决定增长的变量提升空间和潜力减小，亟须提升发展质量。结构性失衡与转型阵痛明显，必须加快转型的步伐。工业化迈入全面深化阶段，重化工业投资扩张进入尾声。城镇化率有上升空间，空间格局优化趋势明显。人口老龄化进入加速期，全社会要为此作好准备。矛盾和风险隐患集中碰头，增长动能亟须重塑、政策空间逐步缩窄、各类风险逐步显现。加之投资增速和投资率呈下降之势，民间投资占比、制造业投资占比双下降，显示投资内生动力不足；同时，政府投资对民间投资的撬动效应减弱，政府投资的自身动力也在减弱，民生改善与消费升级带动型投资增长仍显滞后，创新驱动型投资的总量还不大，新动能对旧动能的替代作用不明显。

要保持宏观政策的稳定性和可持续性，完善宏观调控的跨周期政策设计，促进经济总量平衡、结构优化、内外均衡。要搞好跨周期调节，既着力支持扩大内需，为实体经济提供更有力支持，又兼顾短期和长期、经济增长和物价稳定、内部均衡和外部均衡，坚持不搞"大水漫灌"，发挥结构性货币政策工具精准导向作用。推动金融支持实体经济实现质的有效提升和量的合理增长，为全面建设社会主义现代化国家开好局、起好步。

　　本书研究货币政策工具对投资的影响，结合了现阶段投资作为我国经济发展主要驱动力的现实。已有关于货币政策对经济影响的文献中，大多数研究都集中于分析和检验货币政策对产出、通胀、消费、就业等经济变量的影响，并依次来识别和判断货币政策传导的渠道，或者将投资作为总体经济变量的一个组成部分来检验，较少有文献单独研究多种货币政策工具对投资的影响，而长期以来投资对我国经济的贡献率都远大于其他驱动因素，其对经济发展的重要性从未减退，从这个意义上来看以投资作为视角具有重要的现实意义。本书在细分投资主体的条件下，研究多种货币政策工具对产业投资、区域投资和企业投资的不同影响，梳理出货币政策对投资的影响机制和一般规律，分析传统数量型的货币政策工具、价格型的货币政策工具和创新型的货币政策工具对各层面投资的组合效应和特质效应，以寻求完善货币政策体系措施，更好地发挥货币政策在调节宏观经济中的作用。

　　从宏观层面来看：多种货币政策工具组合运用会减弱固定资产投资的波动；不同货币政策工具在货币政策工具组合的重要性也存在差异，货币供应量 M1、M2 的特质效应明显，隔夜利率的特质效应明显，常备借贷便利 SLF 特质效应明显；创新型货币政策工具的使用减缓了冲击的滞后性和持续性。

　　从中观产业层面来看：多种货币政策工具组合运用时，价格型货币政策工具和创新型货币政策工具对产业投资的影响效果明显，尤其是价格型货币政策工具基本是不存在滞后性的；但是当各种货币政策工具单独作用时，货币供应量 M2 的特质效应比较明显，隔夜利率的特质效应比较明显，中期借贷便利 MLF 的特质效应比较明显。同时不同行业对货币政策的反应程度也是不同的。

　　从中观区域层面来看：当多种货币政策工具组合运用时，价格型货币政策工具和创新型货币政策工具对区域投资的影响效果明显；当单独作用的时候，创新型的货币政策工具的冲击效果不明显，传统数量型的货币政策工具货币供应量 M0、M1、M2 都能反映其特质效应，并且都存在滞后性，价格型货币政策工具隔夜利率的特质效应明显，其他的作用效果不明显。同时各个区域对货币政策的反应程度也是不同的。

从微观企业层面来看：当多种货币政策工具组合运用的时候，传统数量型的货币政策工具和创新型的货币政策工具的作用效果好；当单独作用的时候，货币供应量 M2 的特质效应最明显，隔夜利率的特质效应明显，中期借贷便利 MLF 的特质效应明显；不同的企业类型对货币政策工具的反应程度也是不同的。传统数量型货币政策工具对民间投资冲击的效果要高于国有企业；价格型的货币政策工具对国有企业的效果要高于民营企业；创新型货币政策工具对民营企业的影响高于国有企业。

目　　录

第一章　导论 ·· 1
　　第一节　为什么研究货币政策对投资的影响 ······················ 3
　　第二节　研究框架、方法及创新点 ···································· 6

第二章　货币政策与固定资产投资相关研究进展 ················ 11
　　第一节　货币政策相关的理论研究 ································· 13
　　第二节　固定资产投资的相关研究 ································· 30
　　第三节　VAR 模型的基本理论研究 ································ 33

第三章　我国货币政策演变及固定资产投资现状 ················ 41
　　第一节　我国货币政策工具的演变 ································· 43
　　第二节　我国货币政策中介目标的演变 ·························· 56
　　第三节　货币政策传导机制的变迁 ································· 61
　　第四节　我国固定资产投资的现状 ································· 66

第四章　多种货币政策工具对全社会投资的影响 ················ 77
　　第一节　问题的提出 ·· 79
　　第二节　多种货币政策工具与固定资产投资的关系描述 ···· 80
　　第三节　模型设立 ··· 86

第四节 研究结果分析 …………………………………………… 89
第五节 主要结论与启示 …………………………………………… 93

第五章 多种货币政策工具对产业投资的影响 ………………… 95
第一节 问题的提出 ………………………………………………… 97
第二节 模型设立 …………………………………………………… 98
第三节 研究结果分析 ……………………………………………… 103
第四节 主要结论与启示 …………………………………………… 119

第六章 多种货币政策工具对区域投资的影响 ………………… 121
第一节 问题的提出 ………………………………………………… 123
第二节 模型设立 …………………………………………………… 124
第三节 研究结果分析 ……………………………………………… 128
第四节 主要结论与启示 …………………………………………… 135

第七章 多种货币政策工具对企业投资的影响 ………………… 137
第一节 问题的提出 ………………………………………………… 139
第二节 模型设立 …………………………………………………… 141
第三节 研究结果分析 ……………………………………………… 143
第四节 主要结论与启示 …………………………………………… 146

第八章 多种货币政策工具对投资影响的原因分析 …………… 149
第一节 表层次原因 ………………………………………………… 151
第二节 深层次原因 ………………………………………………… 153

第九章 主要结论和政策建议 ……………………………………… 163
第一节 主要结论 …………………………………………………… 165

第二节　政策建议 ································· 166
　　第三节　展望 ··································· 168

附　录 ······································ 170
　　附录 1　货币政策工具组合因子对产业投资的脉冲效果 ········ 170
　　附录 2　数量型货币政策工具对产业投资的脉冲效果 ········· 175
　　附录 3　价格型货币政策工具因子对产业投资的脉冲效果 ······ 180
　　附录 4　创新型货币政策工具对产业投资的脉冲效果 ········· 185
　　附录 5　货币政策工具组合因子对区域投资的脉冲效果 ········ 190
　　附录 6　数量型货币政策工具对区域投资的脉冲效果 ········· 193
　　附录 7　价格型货币政策工具对区域投资的脉冲效果 ········· 196

参考文献 ···································· 199
后　记 ······································ 208

第一章

导 论

第一章 导 论

第一节 为什么研究货币政策对投资的影响

货币政策的最终目标是物价稳定和经济增长,而拉动经济增长的三驾马车是消费、投资和净出口。从长期来看,虽然消费拉动经济增长的作用逐渐上升,但是投资对经济增长的作用依然是不可替代的。投资是总需求的一部分,投资既有短期的需求效应,又有长期的供给效应。从短期需求效应来看,在投资的过程中不断增加生产资料的购买,将资金投入项目建设,从而直接导致需求增加,并推动相应行业生产规模扩大;从长期供给效应来看,当已经投资的项目进入使用阶段时,就会扩大社会的再生产能力,从而能生产更多的产品,不但能够为经济和社会发展提供一定的物质基础和技术保障,而且提高了供给的能力,促进了国民经济增长。衡量投资对经济增长的作用还可以从投资对国内生产总值的贡献度和拉动度来体现。我国的投资率变动大致分为三个阶段,2002年以前投资率在30%以下;2003—2008年投资率处于30%~40%;2008年至今投资率处于40%以上,2021年为40.9%。而投资贡献率和投资拉动率的波动较大,特别是2009年和2020年投资贡献率超过80%,分别拉动经济8个百分点和1.8个百分点。2002年以前年均投资贡献率为31.77%,拉动经济2.75个百分点;2003—2008年,年均投资贡献率为50.65%,拉动经济5.63个百分点;2008年至今,年均投资贡献率为46.54%,拉动经济3.42个百分点,2021年投资贡献率为13.7%,拉动经济1.11个百分点。我国的经济已经由依靠投资拉动转为投资和消费共同拉动,逐步降低对投资的过度依赖是转变经济增长方式的必由之路,但我们仍需要科学理性地看待投资的作用,切不可以偏概全、因噎废食。

从世界各国经济发展和工业化进程看,投资率存在一个从低到高的上升、然后再从高到低并趋于相对稳定的演变过程,整个演变过程类似一条平缓的"马鞍型"曲线(也有人称为"倒U"形曲线)。例如,日本在战后逐步从低收入国家走向发达国家的进程中,资本形成率(投资率)从1952

年的21.3%逐步上升到1969年的35.6%的高位后，以后又在振荡中（20世纪90年代长期由于日本政府实施所谓"加快环岛基础设施建设"的反周期政策期间，投资率曾有所回升）逐步下滑到2021年的24.48%。韩国从20世纪70年代初"经济起飞"到90年代中后期迈入"新兴工业化"国家的过程中，资本形成率先从1970年的25.5%逐步上升到1991年的39%的高位，再逐步下滑到2021年的30.1%。从我国改革开放以来典型城市的发展来看，较大的投资规模加上投资的较高效率，是改革开放以来推动我国经济高速增长的重要力量，也是我国经济快速增长的重要保障，但发展到一定阶段之后，就会出现缓慢下降趋势。例如，北京1952年投资率为24.4%；1985—2006年，投资率不断提高，超过50%；2007年起，随着经济发展动力转变，投资率总体回落，2015年起，降至四成以下，但投资对经济增长仍发挥关键作用。上海1950年投资率为10.48%；之后投资率不断升高，1996年达到66.16%；2001年之后，降至50%以下；2012年起，降至40%以下。

另外，我国已经具备投资率由升转降的基础条件。从经济发展阶段看，我国人均国内生产总值超过8万元人民币，按年均汇率折算为12551美元，虽然尚未达到高收入国家人均水平的下限，但逐年接近。2021年我国已经超过了世界人均GDP水平，现在初步测算，2021年世界人均GDP是1.21万美元左右，我国的为1.25万美元。根据日韩两国经验，当投资率位于"马鞍型"根部并产生转折时，人均收入水平则已进入中等收入国家上中等水平。与此相比，目前我国未来将处于投资率下降的发展区间。从储蓄率角度来看，人口结构是影响储蓄率水平最主要的变量。20世纪90年代，我国劳动年龄人口比重逐步提高，同期储蓄率水平呈上升趋势。2007年，劳动人口比重达到峰值72.93%，之后劳动年龄人口比重呈下滑态势，2015年以来，劳动年龄人口占比已经连续7年减少，未来我国的储蓄率将逐步回落，投资率进入下降通道。从收入分配、社会保障等影响储蓄因素的变化方向来看，随着未来收入分配状况的改善，社会保障体系的不断健全，居民预防性储蓄动机总体减弱，加之经济增速换挡，储蓄率也会相应下降。从工业化进程来看，我国的工业化和城市化进程尚未完成，2021年，我国城市化率为62.5%，低于日韩两国同期在70%以上的水平；我国的工业化尤其是农村工业化进程尚在加速进行，而工业化和城市化需要大量投资予以支撑和支持。

但由于我国正处于新型工业化、信息化、城镇化、农业现代化快速发展阶段，我国发展的不平衡不充分问题仍较突出。与发达国家相比，我国总体投资缺口大，在很多方面还有较大投资空间，投资需求潜力巨大。叠加需求收缩、供给冲击、预期转弱的三重压力，要着力保持经济运行在合理区间，推动高质量发展，进一步增强我国综合国力、社会生产力和人民生活水平。综合判断，我国投资率高位徘徊还将持续一段时间，总体保持缓慢下降态势。投资仍然是我国经济发展必不可少的部分。当然，我们不能盲目投资，采用大水漫灌的形式，要更加注重投资的有效性，把投资的重点放在调整产业结构、改善民生、优化生态环境等管长远、增后劲、补短板、惠民生的重大项目上，发挥好投资的关键作用，拓展我国的发展空间。

当然，需求与供给效应是投资为经济增长带来的双重效应，带动经济发展，促使经济产生波动，具有其两面性。一方面，投资的波动给我国经济的持续性增长带来不稳定因素，从历史来看，我国经济整体或局部的过热或降温都与投资规模的扩大或缩减有较为明显的关系，国际金融危机爆发之际，我国政府实施了一揽子投资计划，2008年全年CPI涨幅高达5.9%，我国GDP在主要发达国家经济面临危机的情况下实现了9.6%的巨大增幅，在促进经济增长的同时，也引发了一定的通货膨胀，对经济稳定性构成不利影响；另一方面，投资增速过快，不利于我国在新常态背景下实现经济结构转型，对过热行业投资规模偏大、高耗能行业投资增加会加剧行业投资结构不合理，导致资本投入生产效率下降，经济增长后劲不足。

因此，如何扩大有效投资，如何运用宏观经济手段既要保持投资的合理力度，又能激发民间的投资活力是我国面临的重要课题，随着我国市场化程度不断提高，货币政策成为一种非常重要的宏观经济手段。周小川多次强调，中国人民银行希望实现兼顾多个目标的实现，主要是侧重低通胀、经济增长和国际收支平衡，把握好货币政策的方向，发挥货币政策的有效促进作用，具有重要的研究意义，并将货币政策的讨论由货币中性与非中性的讨论引向更细致、更接近现实的领域。伴随着改革开放、经济体制转轨以及步入新时代的进程，我国不断创新货币政策工具，并综合运用多种货币政策工具进行宏观调控。目前，研究货币政策对经济总产出影响的文章有很多，所以本书不予以研究。本书主要研究的是多种货币政策工具对产业固定资产投资、区域固定资产投资和企业固定资产投资的不同影响，分析传统的数量型的货币政策工具、价格型的货币政策工具和创新型的货币政策工具对各层面投资的组合效应和特质效应，并梳理产生不同效应的原因，以便更好地为货币政策的实施提供一定的借鉴。

本书具有重要的理论和现实意义。首先，中国人民银行采用了多种货币政策工具调节经济，为深入研究货币政策对宏观经济的影响，本书提供了一个新的研究视角，通过大量的实证研究分析不同货币政策工具如何影响固定资产投资，并得出多种货币政策工具组合运用减弱固定资产投资的波动、价格型的货币政策工具要好于传统数量型的货币政策工具等比较有意义的结论。目前，我国货币政策正处于转型期，对于完善货币政策理论、更好发挥货币政策的调节作用具有重要的理论指导意义。其次，虽然投资对经济增长的贡献度在逐渐下降，但这是国家在工业化和城市化中后期的必然结果，国外的经验也表明，经济发展到一定程度，会由投资驱动转为投资和消费共同拉动，所以此时如何提高有效供给是一项重要的课题。随着我国市场化程度不断提高，货币政策对经济的调节作用的重要性不断增强，已有的文献主要研究货币政策对产出、通胀、就业等经济变量的影响，或者将投资作为总体经济变量的一个组成部分来检验，本书研究多种货币政策工具对投资的影响，对于新常态下我国调整经济结构、合理利用货币政策工具具有重要的现实意义。

第二节 研究框架、方法及创新点

本书分为7个部分展开货币政策工具对投资的影响效应研究。

第一部分是对货币政策相关理论及方法进行梳理。第一，对货币政策有效性的相关文献进行梳理，货币政策调节的有效性是一切问题研究的基础。第二，梳理货币政策的传导渠道，这部分的理论梳理能够更系统地分析货币政策是通过哪条途径有效的影响经济运行。第三，对固定资产投资的研究现状进行描述，总结目前对固定资产投资的研究现状和研究方法。第四，梳理向量自回归模型的拓展脉络，分析各 VAR 拓展模型的优点和缺点，以便于选取适合的模型来研究。

第二部分是对我国货币政策的演变和我国固定资产投资现状进行分析。第一，对我国货币政策演变的分析，从我国货币政策工具的演变、货币政策中介目标的演变、货币政策传导机制的演变三个方面进行分析。第二，对我国固定资产投资现状的分析，从产业固定资产投资现状、区域固定资产投资现状和企业固定资产投资现状三个方面进行分析。

第三部分是分析多种货币政策工具对全社会固定资产投资的影响。本章采用传统的数量型货币政策工具、价格型货币政策工具和创新型货币政策工具，并分析这三种工具对固定资产投资的影响。验证货币政策是非中性的，能够有效调节固定资产投资，可以进一步分析货币政策对产业、区域、企业投资的影响。本书扩展了 Bernanke 等（2005）的 FAVAR 模型，使用 2007 年 1 月至 2016 年 12 月的月度数据，研究数量型货币政策工具、价格型货币政策工具和创新型货币政策工具对固定资产投资的组合效应和特质效应。研究发现：多种货币政策工具的组合运用会减弱固定资产投资的波动，不同货币政策工具在货币政策工具组合的重要性也存在差异，在新常态下创新型货币政策工具的使用减缓了冲击的滞后性和持续性。

第四部分是分析多种货币政策工具对产业固定资产投资的影响。本章使用 SFAVAR 模型，选取 2007 年 1 月至 2016 年 12 月的月度数据 66 个产业数据，分析数量型货币政策工具、价格型货币政策工具和创新型货币政策工具的组合效应和特质效应对 66 个行业固定资产投资的影响。

第五部分是分析货币政策工具对区域固定资产投资的影响。本章使用 GVAR 模型，选取 2007 年 1 月至 2016 年 12 月的 31 个省级行政区（我国港、澳、台地区除外）的固定资产投资及数量型货币政策工具，价格型货币政策工具以及创新型货币政策工具，通过构建 GVAR 模型，分析货币政策对区域固定资产投资的影响。

第六部分是分析多种货币政策工具对企业固定资产投资的影响。本章使用 PVAR 模型，选取 2007 年 1 月至 2016 年 12 月，10 年的企业月度数据，将企业数据类型分为国有及国有控股企业投资、民间投资，并分析传统的数量型货币政策工具、价格型货币政策工具和创新型货币政策工具的组合效应和特质效应对不同类型企业的固定资产投资的影响。

第七部分是主要结论与政策建议。对全书的主要结论进行梳理，并根据本书的研究结论，提出较为有建设性的政策建议和进一步研究的方向。

本书研究内容的创新：关于货币政策对投资的影响，集中在宏观视角的科研成果占大多数，对中微观层面的研究较少。货币政策调节的数量效果和传递渠道是国内外文献的主要关注点。本书拟在此基础上研究多种货币政策工具对投资的调节可能出现的特质效应和组合效应，从宏观、中观、微观层面深入探讨不同的货币政策工具对投资影响产生上述现象的原因。

本书研究方法的创新：本书采用 VAR 模型的扩展版，用 FAVAR 模型分析货币政策工具对全社会固定资产投资的影响，用 SFAVAR 模型分析货币政策工具对产业投资的影响，用 GVAR 模型分析货币政策工具对区域投资的影响和用 PVAR 模型分析货币政策工具对企业投资的影响。同时，目前大多数的文献都将年度和季度数据作为科学研究的对象，而大多数内生变量之间的相互影响往往产生于以年为跨度单位的模型中，所得到的结果与实际情况可能会有比较大的出入。所以，本书的研究跨度为月度，将内生变量相互关联的干扰降至最小，以保障数据分析结果的真实性。

本书以货币银行学、投资理论、区域经济学、产业经济学等为理论思想指导，将科学探索与具体实践相结合，采用定性分析与定量分析、动态分析与比较分析相结合的方法。

第一，理论研究与实证研究相结合。先将货币政策的相关资料展开细致的整理和规划，架构我国独有的货币政策分析框架，以我国固定资产投资的现实情况为实践基础，剖析我国目前的货币政策实践效果，尝试分析我国货币政策对投资的影响。

第二，定性分析与定量分析相结合。本书从货币政策传导机制理论的角度，对我国货币政策的变迁进行定性描述，并且对货币政策对投资的影响进行定量分析。为了更加深入的研究，在上述研究的基础上研究货币政策对不同产业、不同地区、不同企业的投资情况。

第三，动态分析与比较分析相结合。本书拟用向量自回归模型的不同扩展版作为计量模型对投资进行分析，并对不同地区、不同产业的投资影响进行对比分析。此方法能够更加全面地分析货币政策对投资的影响。

第二章

货币政策与固定资产投资相关研究进展

第二章 货币政策与固定资产投资相关研究进展

第一节 货币政策相关的理论研究

一、货币政策对投资的有效性研究

Keynes（1936）[①] 认为政府是拉动投资的关键力量，货币政策只能通过其他因素间接地影响投资。Friedman（1956）[②] 认为货币政策是影响经济波动的主要原因，货币政策在短期内是有重要影响的，它可以通过包括利率在内的多种途径影响投资。Lucas（1972）[③] 也认为货币政策在短期内对经济产生影响，主要是因为其释放的信号，经济人可以通过信号提前调整自己的行为，所以货币政策对经济的影响只是暂时的。但是 Fisher（2005）[④] 通过长期劳动合同模型认为，即使经济人能够提前通过预测来调整自己的经济行为，货币政策仍然对经济活动有影响。但是目前学术界普遍认为货币政策对投资总体水平是有影响的。Sims（1980）[⑤] 剖析了美国在第二次世界大战之前和之后不同时期的数据信息，在进行实证研究后发现，货币政策以利率为传导渠道，能够有效地影响投资，使投资发生变化，说明其对实体经济是有影响的。Chowdhury 等（1986）[⑥] 通过实证分析验证了货币政策对社会需求是有影响的，通过不同的传导渠道发现货币政策能有效地调

[①] Keynes, J M. "The General Theory of Employment, Interest and Money". London: Macmillan. 1936.

[②] Friedman, Milton. *The Quantity Theory of Money: A Restatement. The quantity theory of money*: E. Elgar, 1956, p. 281 – 308.

[③] Jr, Robert E Lucas. "Expectations and the neutrality of money." *Journal of Economic Theory*, Vol. 4, No. 2, 1972, p. 103 – 124.

[④] Fisher, Philip A. "Why do not Financial Analysts Make more Money?" *Financial Analysts Journal*, Vol. 10, No. 2, 2005, p. 65 – 67.

[⑤] Sims C A. "Comparison of Interwar and Postwar Business Cycles: Monetarism Reconsidered". *American Economic Review*, Vol. 70, No. 2, 1980, p. 250 – 257.

[⑥] Chowdhury, Abdur R, J S. Fackler, and W D. Mcmillin. "Monetary Policy, Fiscal Policy, and Investment Spending: An Empirical Analysis." *Southern Economic Journal*, Vol. 52, No. 3, 1986, p. 794.

节社会需求,进而影响总投资需求。De Gregorio(2010)[①]通过实证结果标明,货币政策对投资效率有影响,积极的货币政策会促进投资效率的提高。Bernanke 和 Gertler(1995)[②]研究货币政策对投资的影响,但是投资主要是居民投资和商业投资,通过运用 VAR 模型分析发现货币政策对这两种投资是有不同的影响的,说明货币政策对投资是有影响的。Karima 和 Azman(2013)[③],以马来西亚为研究对象,分析货币政策对投资的影响,研究手段采用 GMM 方法,观察政策影响下,投资效应呈现怎样的变化。Masuda(2015)[④],通过使用日本制造业的面板数据,发现日本的货币政策是通过资产负债表渠道影响制造业的投资,货币政策对日本的制造业投资是有效的。

孙皓、石柱鲜(2011)[⑤]采用宏观研究的方法,架构金融框架,将货币政策与利率时间限制等因素都融合进去,观察其动态变化,通过脉冲效果发现货币政策冲击对利率期限结构的影响,提高利率期限结构对货币政策使用的参考和应用价值。李世美(2012)[⑥]从利率渠道和货币供给渠道,利用省级面板数据模型来研究数量型的货币政策工具和价格型的货币政策工具是如何高效调控房地产的,结果显示数量型工具对房地产调控的有效性较高。赵伟、朱永行和王宇雯(2011)[⑦]在"普勒规则"研究的基础上,对货币政策工具的选择进行了研究,发现货币政策工具主要影响商品的需

[①] Gregorio, José De. "Monetary Policy and Financial Stability: An Emerging Markets Perspective." *International Finance*, Vol. 13, No. 1, 2010, p. 141–156.

[②] Bernanke, Ben S, and M. Gertler. "Inside the Black Box: The Credit Channel of Monetary Policy Transmission." *Journal of Economic Perspectives*, Vol. 9, No. 4, 1995, p. 27–48.

[③] Zulkefly Abdul Karima, and W N W. Azman–Saini. "Firm-level investment and monetary policy in Malaysia: do the interest rate and broad credit channels matter?" *Journal of the Asia Pacific Economy*, Vol. 18, No. 3, 2013, p. 396–412.

[④] Win, Yuzana, and T. Masuda. "Exploring Technical Phrase Frames from Research Paper Titles." *IEEE, International Conference on Advanced Information NETWORKING and Applications Workshops* IEEE, 2015, p. 558–563.

[⑤] 孙皓, 石柱鲜. 中国利率期限结构中的宏观经济风险因素分析——基于宏观—金融模型的研究途径 [J]. 经济评论, 2011 (3): 36–42.

[⑥] 李世美. 房地产价格的货币政策传导效应研究 [D]. 中南大学, 2012.

[⑦] 赵伟, 朱永行, 王宇雯. 中国货币政策工具选择研究 [J]. 国际金融研究, 2011 (8): 13–26.

求而对商品供给层面的影响基本没有；另外，当货币政策对商品需求的调节效应较小时，数量型的货币政策工具对社会福利具有重要的促进作用，而当货币政策对商品需求的影响较大时，价格型的货币政策工具对社会福利有重要的促进作用。崔建军（2017）① 提出使用不同的政策工具，产生的效益也是不一样的，价格型工具带来的调控效果更加具有优势，对社会福利造成的损失低于数量型的货币政策工具；并主张扩大价格型货币政策工具实用的频率与空间，建立以价格型货币政策调控为主，数量型货币政策调控为辅的货币政策。马勇、陈雨露（2014）② 在前人缺乏微观基础的基础上，基于一般均衡框架的微观基础，利用1992—2012年的季度数据实证检验了货币政策有效性与经济开放程度有关，经济开放程度越高，货币政策的有效性就会变差。彭俞超、方意（2016）③ 利用动态随机一般均衡模型，并把产业的负外部性引入模型，研究结构性货币政策工具能够有效的调节产业、优化产业结构，以贝叶斯参数为评估基础，货币政策工具对经济稳定和产业升级的影响。

赵静、陈晓等（2016）④ 基于企业投资配置的视角，研究货币政策对企业的固定资产投资和长期股权投资的不同影响，通过研究发现货币政策对企业固定资产投资的作用是明显的，但应用到公司的长远股权投资，影响就很微弱，不一样的制度背景，政策实施的效益也会受到牵制，效果不会完整发挥出来。李青原、王红建（2013）⑤ 研究货币政策与资产的可抵押性对制造业企业投资的影响，采用中国制造业上市公司的季度数据，考虑了货币政策对不同投资机会与现金流的不同，资产可抵押性与现金流是替代

---

① 崔建军. 货币政策发挥调控作用的约束条件——供给曲线斜率与货币政策调控效率［J］. 陕西师范大学学报：哲学社会科学版，2017（5）：16-23.
② 马勇，陈雨露. 经济开放度与货币政策有效性：微观基础与实证分析［J］. 经济研究，2014（3）：35-46.
③ 彭俞超，方意. 结构性货币政策、产业结构升级与经济稳定［J］. 经济研究，2016（7）：29-42.
④ 赵静，陈晓，ZhaoJing，等. 货币政策、政治联系与企业投资［J］. 重庆大学学报（社会科学版），2016，22（2）：50-59.
⑤ 李青原，王红建. 货币政策、资产可抵押性、现金流与公司投资——来自中国制造业上市公司的经验证据［J］. 金融研究，2013（6）：31-45.

关系还是互补关系，跟经济形势的好坏与货币政策的扩张还是紧缩有关，当公司面临较好的投资机会时，货币政策可以提高资产可抵押性与现金流的互补性。岳媛媛、龚驹（2017）[①] 利用2006—2015年的上市公司数据，探讨了将企业社会资本引入企业固定资产投资时，发现当把企业社会资本引入企业固定资产投资时，企业社会资本的存在影响了货币政策对企业固定资产投资的作用，而国有与非国有企业投资的效益差是可以用社会资本来弥补的。徐梅（2015）[②] 研究货币政策、经济周期与金融资产投资的关系，用国家统计局中国经济景气监测中心测算的一致指数来反映经济周期的波动，通过构建 Sidrauski 理论模型和使用 ARDL – ECM 计量模型，发现货币政策对金融资产投资的影响效果较好，而对宏观经济的影响效果不太好，并且短期效果比长期效果好。芦国军、曹家波（2015）[③] 认为在进行固定资产投资决策时要充分考虑货币的时间价值，货币的时间价值也是无形的影响因素，货币政策是如何影响投资的就需要重新考究，减少决策方面的误判。巴曙松、曾智、王昌耀（2018）[④] 在传统的货币政策理论的基础上提出非传统的货币政策理论，从理论基础、传导渠道、政策工具等方面，以中欧为例，研究新的货币政策理论的使用效果、结构性的货币政策的使用效果。

述评：通过阅读经典文献发现，货币政策对投资是有影响的，但目前大量的文献是从产出的视角来判断货币政策的总体有效性，以上研究由于数据和方法上的差异，没有得出完全一致的结论。随着我国进入高质量发展阶段，货币政策处在不断转型的关键时期。中国人民银行强调，货币政策工具需要谨慎使用，综合考虑价格型和数量型政策工具。本书尝试研究

---

① 岳媛媛，龚驹. 货币政策冲击、企业社会资本与固定资产投资 [J]. 投资研究，2017（2）：147 – 160.

② 徐梅. 经济周期与金融资产投资协动性关系研究——基于货币政策影响的视角 [J]. 统计与信息论坛，2015，v. 30；No. 182（11）：12 – 17.

③ 芦国军，曹家波. 考虑货币的时间价值的风险型决策问题研究——以固定资产投资为例 [J]. 中外企业家，2015（32）.

④ 巴曙松，曾智，王昌耀. 非传统货币政策的理论、效果及启示 [J]. 国际经济评论，2018（2）：146 – 161，8.

传统的数量型货币政策工具、价格型货币政策工具和创新型货币政策工具对固定资产投资的影响。在研究方法上，本书在已有研究的基础上运用FAVAR模型，将因子分析引入模型，研究多种货币政策工具的组合会给固定资产投资带来怎样的影响。

二、货币政策的传导机制研究

通过阅读文献发现，货币政策传导机制的研究分为四类：利率传导机制、信贷传导机制、资产负债表渠道机制和资产价格传导机制。

第一，利率传导机制。凯恩斯最早提出政府可以实施扩张性的货币政策，根据利率传导机制，扩张性的货币政策可以降低利率，进而增加投资，后来希克斯和汉森提出了IS-LM框架下的利率传导机制，也验证了货币政策可以通过利率传导机制影响投资，最终影响整个经济活动。目前，国内也有许多文章研究货币政策传导机制，马骏、王红林（2014）[1]通过动态随机一般均衡模型对利率传导机制进行动态研究，根据金融机构自身的特点、金融市场的特点，验证政策利率是如何传导至金融市场利率，进而影响实体经济的动态过程。钱雪松、杜立、马文涛（2015）[2]利用2007—2013年上市公司的数据，验证货币政策利用传导渠道对国有企业和非国有企业的不同反应，以此来判断货币政策对体制内外的不同差异。张辉、黄泽华（2011）[3]认为在利率市场化逐渐完善之前，货币市场利率比货币供给量M2的解释能力更强，对实体经济的影响更大，同时货币市场利率比货币供给量M2对通过膨胀率的解释能力更强。随着利率市场化的深入，有效性更强。黄正新、舒芳（2012）[4]通过建立模型，发现利率对消费和投资的影响是不同的，长期影响和短期影响也是不同的，并且利率传导机制存在滞后

---

[1] 马骏，王红林. 政策利率传导机制的理论模型[J]. 金融研究，2014（12）：1-22.
[2] 钱雪松，杜立，马文涛. 中国货币政策利率传导有效性研究：中介效应和体制内外差异[J]. 管理世界，2015（11）：11-28.
[3] 张辉，黄泽华. 我国货币政策利率传导机制的实证研究[J]. 经济学动态，2011（3）：54-58.
[4] 黄正新，舒芳. 中国货币政策利率传导机制及其效应的实证[J]. 统计与决策，2012（22）：146-149.

效应，利率没有完全市场化影响利率传导的效果。因此，利率传导机制跟金融市场的完善程度和利率市场化的完善程度有非常密切的关系，金融市场的不完善和利率市场化的不完善容易导致货币政策传导的滞后性，因此要想货币政策能够有效地通过利率机制传导，金融市场的自由化和利率的市场化势在必行。两类利率传导机制有所不同，前者的描述角度是从投资和利率的关系，而后者的角度是从一般均衡的角度。但是这两类的本质还是相同的，在常规货币政策的模型中无论是泰勒规则还是通货膨胀盯住机制都是通过利率传导机制，并且前提条件是离不开完善发达的金融市场，资金借贷能够体现利率的情况。

第二，信贷传导机制。Bernanke 和 Blinder 等（1992）[1] 研究微观层面的企业在货币政策传导过程中发挥的作用，提出货币政策传导的信贷渠道理论。该理论认为，货币政策的实施主要通过调节银行系统的贷款数量，从而达到影响实际经济的目的。该机制对应的政策工具是银行体系的信贷控制。蒋瑛琨、刘艳武等（2005）[2] 运用1992—2004年的季度数据，通过向量自回归模型和脉冲响应认为，贷款对物价和产出的影响最为显著，货币供给量的影响是次显著的，但是从货币政策影响的稳定性和持久性来看，货币供给量比信贷总量的影响效果比较好。黄小英等（2016）[3] 通过动态面板模型实证发现，不同类型的商业银行对货币政策信贷传导渠道的反应是不同的，同时发现各类银行业务之间的相似性，减弱了货币政策信贷传导渠道的有效性。

第三，资产负债表渠道机制。资产负债表渠道机制也称金融加速器机制。Bernanke 和 Gertler 等（1989）[4] 该理论强调货币政策经由借款人的资产

---

[1] Bernanke, Ben S., and A S Blinder. "The Federal Funds Rate and the Channels of Monetary Transmission." *American Economic Review*, Vol. 82, No. 4, 1992, p. 901-921.

[2] 蒋瑛琨，刘艳武，赵振全. 货币渠道与信贷渠道传导机制有效性的实证分析——兼论货币政策中介目标的选择 [J]. 金融研究，2005（5）：70-79.

[3] 黄小英，许永洪，温丽荣. 商业银行同业业务的发展及其对货币政策信贷传导机制的影响——基于银行微观数据的GMM实证研究 [J]. 经济学家，2016（6）：24-34.

[4] Bernanke, Ben S, and M. Gertler. "Agency Costs, Net Worth, and Business Fluctuations." *American Economic Review*, Vol. 79, No. 1, 1989, p. 14-31.

负债表对其外部融资溢价的影响。企业的资产负债表状况影响其投资行为，进而影响企业经营活动，直至社会总需求，从而起着一种"金融加速器"的作用。当央行实施扩张性货币政策时，降低了名义和实际利率，使得借款人的资产净值上升，改善其资产负债表。这会使企业未来现金流量的现值上升和该企业股票价格上升，即企业净值上升，企业信用得以提高，企业外部风险溢价降低，则投资增加。在资本市场不发达、以银行金融中介为主导的金融体系中，这一渠道是货币政策传导的主要渠道，其对应的货币政策工具是利率政策和公开市场业务。

第四，资产价格传导机制。当某种资产的收益大于其成本时，这种资产的生产和投资才会增加。用 Q 表示企业的股票市值与资本的当期重置成本之比，Q 大于 1 时，利率下降，人们会通过投资购买股票的方式改变其资产组成，股价上升，则 Q 值增加，投资增加。何国华、黄明皓（2009）[1] 首先构建了货币政策资产价格传导渠道模型，并运用 VAR 模型分析货币政策的资产价格传导渠道是否是稳定的和有效的。黄飞雪、王云（2010）[2] 利用 2005—2009 年的月度数据，通过构建 SVAR 模型，研究了房地产企业对货币政策的反馈作用，发现货币政策通过资产价格渠道影响房地产的价格。陈静（2013）[3] 分析了货币政策对发达国家经济体的实施效果以及货币政策的资产负债表传导机制对发达国家的效果。朱新蓉、李虹含（2013）[4] 通过使用 13 个行业 2577 家上市企业的面板数据，运用面板向量自回归模型，发现通过资产负债渠道，货币政策对 13 个行业的影响都比较有效。

述评：大量的文献主要是从四种货币政策传导机制来探究货币政策对投资的影响。通过剖析四种货币政策传导机制发现，货币政策采用不

---

[1] 何国华，黄明皓. 开放条件下货币政策的资产价格传导机制研究 [J]. 世界经济研究，2009（2）：12-18.

[2] 黄飞雪，王云. 基于 SVAR 的中国货币政策的房价传导机制 [J]. 当代经济科学，2010，32（3）：26-35.

[3] 陈静. 量化宽松货币政策的传导机制与政策效果研究——基于央行资产负债表的跨国分析 [J]. 国际金融研究，2013（2）：16-25.

[4] 朱新蓉，李虹含. 货币政策传导的企业资产负债表渠道有效吗——基于 2007—2013 中国数据的实证检验 [J]. 金融研究，2013（10）：15-27.

同的渠道影响经济,当传导渠道比较顺畅的时候,货币政策的效果就比较好,就能较好影响宏观经济;当货币政策的几种传导机制不够通畅的时候,货币政策的目标就比较难实现。但是,到底哪种货币政策渠道对宏观经济的影响最有效,目前仍存在较大的争议,尤其是在利率市场化背景下,主要是认为利率传导渠道和信贷传导渠道对货币政策目标的实现影响比较大。随着我国经济进入高质量发展阶段,宏观经济环境发生了很大的变化,货币政策工具也在不断创新和发展,到底货币政策工具对固定资产投资的影响是如何通过传导机制来实现的,在本书已有文献研究的基础上,探索货币政策工具影响固定资产投资的不同方式以及如何达到经济增长的目的。

三、货币政策对产业的影响

对于货币政策对产业的影响,无论是国内的文献还是国外的文献,研究货币政策的非对称的文献较多,尤其是国外的文献。Gertler 和 Gilchrist (1994)[1] 的研究可以算是货币政策产业效应非对称性较早的研究,他发现跟随紧缩货币政策,在超过两年的时间里小公司销售额下降快于大公司销售额的下降。货币政策对大小公司的影响存在非对称性,对小公司的影响要大于大公司。Bernanke 和 Gertler (1995)[2] 利用德国的数据进行研究,收集到的数据是离散的数据,根据产业的不同特点和耐用程度,将产品分为耐用的商品和非耐用的商品,通过使用向量自回归模型(VAR)发现,货币政策对耐用产品的影响程度要高于对非耐用产品的影响。Ganley 和 Salmon (1997)[3] 对英国的 24 个行业进行分析,包括建筑业、服务业、公用事业和制造业等经济部门,通过实证研究发现不同行业对紧缩的货币政策的

---

[1] Gertler, Mark, and S Gilchrist. "Monetary Policy, Business Cycles, and the Behavior of Small Manufacturing Firms." *Quarterly Journal of Economics*. Vol. 109, No. 2, 1994, p. 309 – 340.

[2] Bernanke, Ben S, and M. Gertler. "Inside the Black Box: The Credit Channel of Monetary Policy Transmission." *Journal of Economic Perspectives*. Vol. 9, No. 4, 1995, p. 27 – 48.

[3] Ganley, Joe, and C. Salmon. "The Industrial Impact of Monetary Policy Shocks: Some Stylised Facts." *Bank of England Working Papers*. 1997.

反应是不一样的。比如，建筑行业对于紧缩性货币政策的方向是正向的，而服务业对紧缩性货币政策的反应效果不大，并且制造业部门中小企业比大企业对货币政策的反应要大。Hayo 和 Uhlenbrock 等（1999）[①]认为货币政策工具大多集中在货币政策对经济总量的问题研究上，对非对称性的关注较少，文章主要研究德国的货币政策对制造业和采矿业的非对称性影响，通过分析发现 28 个行业中，有 5 个行业在应对紧缩性的货币政策冲击时表现出负向的影响，有 8 个行业表现出显著的正相关。同时，我们发现行业的不同特征有助于解释货币政策的影响。Raddatz 和 Rigobon 等（2003）[②]对美国的数据进行研究发现，美国各产业对货币政策的反应存在差异，货币政策对不同产业存在非对称的影响，具有较高利率敏感性的部门会经历更大的周期性波动并且货币政策是部门转移的一个重要原因。Farès 和 Srour 等（2001）[③]通过 VAR 模型对加拿大的数据进行分析，发现紧缩性货币政策对于生产耐用品产业的影响要远大于生产非耐用品的产业，生产非耐用品的产业对紧缩性货币政策的反应不敏感。紧缩性货币政策首先会影响建筑业，对其产生负面影响，对制造业的影响是渐进的，但受到的影响程度是建筑业的两倍。紧缩性货币政策对服务业的影响也是显著的，但时间要滞后于制造业。Ghosh（2009）[④]研究印度 1981—2004 年的数据可以看出，紧缩性的货币政策对不同产业的效果呈现很大的异质性，其中每一个产业都有着非常大的差异性和非对称性。Ibrahim 等（2005）[⑤]选取了马来西亚 8 个行业进行分析，发现以制造业为代表的 5 个行业对货币政策的冲击反应比较强烈，以农林牧渔为代表的 3 个行业对货币政策的冲击反应不太强烈。Peersman

---

[①] Hayo, Bernd, and B. Uhlenbrock. "Industry Effects of Monetary Policy in Germany." *Macroeconomics* vol. 1, 1999, p. 127–158.

[②] Raddatz, Claudio E, and R. Rigobon. "Monetary Policy and Sectoral Shocks: Did the Federal Reserve React Properly to the High-Tech Crisis?" *Policy Research Working Paper*, 2003.

[③] Farès, Jean, and G. Srour. "The Monetary Transmission Mechanism at the Sectoral Level." *Staff Working Papers*, vol. 2, No. 4, 2001, p. 214.

[④] Chakraborty, et al. "Modeling Energy Consumption for the Generation of Microfibres from Bleached Kraft Pulp Fibres in a PFI Mill." *World Pulp & Paper*, Vol. 2, No. 2, 2009, p. 210–222.

[⑤] Ibrahim, and A. B. Bin. *Kidnapping and Hostage-Taking in Malaysian Law and Islamic Law: A Comparative Study*. Diss. The University of Birmingham, 2005.

和 Smets 等（2005）[①] 估计了欧元区的货币政策变化对 7 个欧元区国家和 11 个行业的影响，发现利率紧缩对产出的负面影响在衰退时期明显大于繁荣时期。然而，在 2 个商业周期阶段的整体政策效应和不对称程度上，存在着相当大的跨行业异质性。探索哪些行业特征可以解释这种跨行业的异质性。政策效应的差异主要可以由该部门生产的货物的耐久性来解释。Alam 和 Waheed 等（2006）[②] 利用 Zivot and Andrews 开发程序对巴基斯坦的宏观经济数据进行检验，并对比传统的检验，证明了结构断裂的存在，结果标明货币政策对宏观经济的影响是非对称的。王剑、刘玄（2006）[③] 采用 1992 年 1 月—2003 年 12 月的月度数据，去除季度因素和价格因素，通过向量自回归模型（VAR）进行脉冲响应发现，货币政策对不同行业的影响存在较大的差距，同时行业间的联系也影响了货币政策的传导渠道。另外，货币政策对其中 3 个行业的影响比较显著（包括建筑、电力和机械）。戴金平、金永军（2015）[④] 先从产业的要素密集角度来分析，分别从产业的密集性角度来分析两个部门对于资本的偏好状况，使用向量自回归模型对 1995 年以来的 6 个行业进行脉冲效果分析，发现不同行业对货币政策冲击的效果是不一样的，并将产业按照将第一产业到第三产业进行合理分类，通过实证检验得到货币政策对于特定产业的影响因素。闫红波、王国林（2008）[⑤] 选取了 1996—2006 年的行业月度数据，分析货币政策的不同传导途径，并分析不同的货币政策传导途径对所选取的行业的影响，通过 VAR 模型的脉冲效果来分析货币政策的不一样的方向，对于行业的价格和产出两个效果的影响是不同的。袁申国、卢万青（2009）[⑥] 将产业投资作比解释变量，相对于产出，投资对货币政策反应更加敏感，时滞得更短。文章先建立 19 个产业的 VAR 系统，

[①] Peersman, Gert, and F. Smets. "The Industry Effects of Monetary Policy in the Euro Area." *Economic Journal*, Vol. 115, No. 503, 2005, p. 319 – 342.

[②] Waheed, Muhammad, T. Alam, and S. P. Ghauri. "Structural Breaks and Unit Root: Evidence from Pakistani Macroeconomic Time Series." *Ssrn Electronic Journal*, 2006.

[③] 王剑，刘玄. 货币政策传导的行业效应研究［J］. 财经研究，2005, 31（5）：104 – 111.

[④] 戴金平，金永军. 货币政策的行业非对称效应［J］. 世界经济，2006（7）：46 – 55.

[⑤] 闫红波，王国林. 我国货币政策产业效应的非对称性研究——来自制造业的实证［J］. 数量经济技术经济研究，2008, 25（5）：17 – 29.

[⑥] 袁申国，卢万青. 中国货币政策行业投资效应的差异性分析［J］. 经济经纬，2009（6）：9 – 12.

利用脉冲响应函数分析了各产业投资对货币政策的反应，并且文章还研究了不同阶段的货币政策对产业的影响。研究表明，货币政策对各产业的投资存在明显的非对称性。庞念伟（2016）[1] 利用1999—2014年的季度数据，使用SVAR模型分析货币政策对产业结构升级的影响，货币政策不仅对产业间的冲击效应不同，对产业内部不同的部门的反应是不同的，通过研究发现，货币政策对产业间的结构调整的影响比较显著，但对产业内部的结构调整的影响不够显著。彭俞超、方意（2016）[2] 在新常态背景下研究结构性货币政策在促进产业结构升级和促进经济稳定发展中的作用，通过实证研究发现，货币政策通过影响金融机构的运营成本而起到调整产业结构的作用。

述评：从研究方法上，通过向量回归及其变种方法进行研究分析，文献主要是对数据面板和非线性的时间模型两个部分进行研究分析。从研究内容上来看，货币政策对产业影响一般是从产出和价格的角度来研究，很少有文献从投资的角度来研究。所以，本书拟从投资的角度来研究货币政策对产业投资的影响。目前，对行业的研究大多集中在制造业、房地产业等几个比较有代表性的行业，整体研究不够全面，本书扩大行业的研究范围，在研究过程中利用国外的先进研究方式和解释指标来对我国的现象进行检测研究，但是在整个研究过程中，会出现忽视这些指标在我国是否适用，本书主要是对这些指标进行重新考量，对每一个货币政策工具进行研究，分析其调节效果。已有的文献研究货币政策的产业效应中，将产业效应定义为产出效应和价格效应。本书拟尝试从投资效应的角度研究货币政策对产业影响的特质效应和组合效应。

四、货币政策对区域的影响

通过阅读国内和国外的文献，货币政策对区域的影响主要是从非对称

---

[1] 庞念伟. 货币政策在产业结构升级中的非对称效应 [J]. 金融论坛，2016（6）：16-26.
[2] 彭俞超，方意. 结构性货币政策、产业结构升级与经济稳定 [J]. 经济研究，2016（7）：29-42.

的角度来研究,通过研究不同国家,不同区域对货币政策的反应,采用不同的货币政策方向。跨国单一货币联盟(EMU),其欧洲中央银行(ECB)在该货币区内制定和执行统一的货币政策,这使 EMU 成为研究经济结构和货币政策效应之间关系的很好素材。Farvaque、Hammadou 和 Stanek (2011)[1] 指出 EMU 的货币政策能否执行与货币政策效应直接有关,但不同国家的人民对于货币政策的反应是不一样的。例如,意大利和比利时对扩张性的货币政策反应敏感;德国、法国、奥地利和西班牙对紧缩性的货币政策敏感;相比之下,芬兰和荷兰对货币政策的反应是不确定的。Arnold 和 Vrugt 等(2002)[2] 使用了 1973—1993 年的荷兰数据,研究了货币政策对区域和产业部门的影响,通过实证研究发现利率对产业部门的影响要大于利率对区域效应的影响,说明区域对货币政策的反应不够敏感。Michael、Owyang 和 Howard J Wall(2005)[3] 使用向量自回归模型研究美国各地区对货币政策冲击的反应,通过研究发现货币政策冲击在美国不同区域出现了不同反应,并且影响的深度和广度也是不同的,差异存在主要是跟银行和产业结构有关。David、Fieldinga 和 Kalvinder Shieldsc(2004)[4] 使用向量误差修正模型,研究 10 个国家并使用法郎的区域,该模型不同的国家区域在短期和长期内可以互动,并用 VECM 参数用于估计持久性分布,以识别各国应对宏观经济冲击的同质性程度。通过这种方式,我们可以了解这些国家加入货币联盟所产生的成本问题。Todd、Potts 和 David Yerger (2010)[5] 研究货币政策对区域的影响,先对加拿大的货币政策影响进行

---

[1] Farvaque, Etienne, H. Hammadou, and P. Stanek. "Selecting Your Inflation Targeters: Background and Performance of Monetary Policy Committee Members." *German Economic Review*, Vol. 12, No. 2, 2011, p. 223 – 238.

[2] Arnold, Ivo J M, and E. B. Vrugt. "Regional Effects of Monetary Policy in the Netherlands." *International Journal of Business & Economics*, Vol. 1, No. 2, 2002, p. 123 – 134.

[3] Owyang, Michael, and H. J. Wall. "Structural Breaks and Regional Disparities in the Transmission of Monetary Policy." *Working Papers*, 2004.

[4] Fieldinga, David, K. Lee, and K. Shieldsc. "The Characteristics of Macroeconomic Shocks in the CFA Franc Zone." *Wider Working Paper*, Vol. 13, No. 4, 2004, p. 488 – 517.

[5] Potts, Todd, and D. Yerger. "Variations Across Canadian Regions in the Sensitivity to U. S. Monetary Policy." *Atlantic Economic Journal*, Vol. 38, No. 4, 2010, p. 443 – 454.

研究，再对加拿大和美国两个国家的货币政策对于加拿大的区域性政策经济的影响。通过实证研究发现，美国的货币政策对于加拿大有着非常大的影响，并且加拿大三大区域的货币政策对美国经济也有影响，并且不同的区域对美国经济的影响程度是不同的。Vavra 和 Hurst 等（2017）[1]认为房地产的时变区域分布通过其对抵押贷款再融资的影响形成货币政策的总体后果。使用详细的贷款水平数据，通过建立一个异质性的家庭再融资模型，实证研究发现当发生金融危机时，萧条地区的支出对降息的反应不那么敏感，从而抑制了总体的刺激效果，增加了地区消费的不平等。于则（2006）[2]通过 VAR 模型分析我国各地区从东部到西部，对货币政策冲击反应的强烈程度是依次减弱的，所以在制定货币政策的时候要综合考虑各地区的反应程度，实施差异化的货币政策，而不要实施一刀切的货币政策。蒋益民、陈璋（2009）[3]利用向量自回归模型的扩展版，并将我国分为八大经济区，通过实证研究发现地区对货币政策的反应程度跟一个地区的生产力水平、金融发展水平和产业结构有非常密切的关系。王先柱、毛中根、刘洪玉（2011）[4]以房地产市场为研究对象，研究货币政策通过利率传导途径下，不同地区的房地产市场的反应情况，发现房地产的需求和供给受货币政策的影响在不同区域之间存在差异性。金春雨、吴安兵（2017）[5]利用1997—2016 年 G20 国家的季度数据，基于泰勒规则研究不同的金融状况下货币政策对发达国家和新兴经济体国家的不同影响，通过实证研究发现对发达国家的影响高于对新兴经济体的影响。黄佳琳、秦凤鸣

---

[1] Vavra, Joseph, et al. "Regional Heterogeneity and Monetary Policy." *Meeting Papers* Society for Economic Dynamics, 2017.

[2] 于则. 我国货币政策的区域效应分析 [J]. 管理世界, 2006 (2): 18 - 22.

[3] 蒋益民, 陈璋. SVAR 模型框架下货币政策区域效应的实证研究: 1978—2006 [J]. 金融研究, 2009 (4): 180 - 195.

[4] 王先柱, 毛中根, 刘洪玉. 货币政策的区域效应——来自房地产市场的证据 [J]. 金融研究, 2011 (9): 42 - 53.

[5] 金春雨, 吴安兵. 金融状况视角下货币政策的区域非对称效应研究——基于 G20 国家的 PSTR 模型分析 [J]. 国际金融研究, 2017, 365 (9): 14 - 24.

(2017)① 选用1996—2015年的季度数据，通过混合截面全局向量自回归模型，研究货币政策对30个省市区的不同影响，并且考虑了区域之间的溢出效应。黄宪、白德龙（2017）② 研究"一带一路"相关的50多个国家对我国国内货币政策的影响，并把利率作为中介目标，发现货币政策对亚洲国家的影响最大，并随着我国影响力的不断增加，我国货币政策的溢出效应更加明显。

述评：通过阅读国内外的相关文献，发现研究货币政策对区域的影响，离不开区域的产业结构差异，本书赞同区域和产业的相关性，但是认为有必要对区域的反应单独进行研究，并且在一般情况下对区域的研究是从产出的角度，本书拟从固定资产投资的角度来进行研究。因为自从金融危机之后我国一直是依靠投资拉动经济增长，而房地产投资、制造业投资和基础设施投资是拉动经济增长的三大块非常重要的固定资产投资。因此研究各地区的固定资产的投资情况并分析固定资产投资对货币政策的反应程度，对区域经济的发展具有非常重要的意义。另外，国内外的文献都注意到不同的货币政策传导途径会影响货币政策的实施效果，对区域的反应产生不同的影响，但是很少有文献注意到不同的货币政策工具的实施是否会影响货币政策的实施效果，随着我国进入新常态，我国的货币政策工具不断丰富，不但有数量型的货币政策工具，还有价格型货币政策工具和创新型货币政策工具。当这三种货币政策工具实施的时候，对不同区域的反应是怎样的，这也是本书在第六章重点研究的内容，希望通过第六章的研究给货币政策提供一定的借鉴和参考。同时，已有的文献在研究区域问题时一般都对区域进行了划分，本书不对区域进行划分，而直接将31个省市区作为研究对象，尽可能细致地研究货币政策的效应。因此，本书拟在货币政策对区域的影响研究层面从以上3个方面进行突破，以期望得出更加有价值的结论和启示。

---

① 黄佳琳，秦凤鸣. 中国货币政策效果的区域非对称性研究——来自混合截面全局向量自回归模型的证据［J］. 金融研究，2017（12）：1-16.
② 黄宪，白德龙. 中国货币政策对经贸关联国货币政策的外溢影响研究——基于"一带一路"相关国的证据［J］. 国际金融研究，2017，361（5）：15-24.

五、货币政策对企业的影响

通过阅读相关的国内外文献,货币政策对微观主体经济活动的影响也逐渐引起了国内外学者的密切关注,Bernanke 和 Gertler(1995)[①] 利用信贷渠道理论认为信贷市场的信息摩擦会影响货币政策紧缩时的效果,通过分析国内生产总值及其各组成部分对货币政策冲击的反应,并分析了资产负债表渠道和银行信贷渠道如何帮助解释货币政策对企业行为的影响。Kashyap 等(1993)[②] 主要从 3 个方面对货币政策对微观主体的影响进行研究,概括产生贷款渠道所需的微观经济条件,回顾了对借贷观点有影响的经验证据。Gertler 和 Gilchrist 等(1994)[③] 认为在紧缩的货币政策下,大公司和小公司会表现出不同的行为,因为大企业更广泛的融资渠道,可以在自身获得资金的同时,还向小企业提供间接融资。因此当货币政策出现紧缩性调整时,便出现了小企业贷款下降,大企业贷款上升的非对称现象。Peersman 和 Smets 等(2005)[④] 估计了欧元区的货币政策变化对 7 个欧元区国家和 11 个行业的影响,发现利率紧缩对产出的负面影响在衰退中明显大于繁荣时期。Cooley 和 Quadrini(2006)[⑤] 通过一般均衡模型研究企业的财务因素在他们生产和投资决策中的作用。当经济受到货币冲击时,小公司和大公司的反应差别很大。由于企业的财务决策,因而货币冲击对产出有持续性影响。并且还有另一个发现,货币冲击导致股票市场回报率大幅波动。Thomas 等(2010)[⑥] 对此问题提出了"信贷约束"的理论解释,认为由于

---

① Bernanke, Ben S, and M. Gertler. "Inside the Black Box: The Credit Channel of Monetary Policy Transmission." *Journal of Economic Perspectives*, Vol. 9, No. 4, 1995, p. 27–48.

② Kashyap, Anil K, and J. C. Stein. "Monetary Policy and Bank Lending." *Nber Working Papers*, Vol. 83, No. 11, 1993, p. 2077–2092.

③ Gertler, Mark, and S. Gilchrist. "Monetary Policy, Business Cycles, and the Behavior of Small Manufacturing Firms." *Quarterly Journal of Economics*, Vol. 109, No. 2, 1994, p. 309–340.

④ Peersman, Gert, and F. Smets. "The Industry Effects of Monetary Policy in the Euro Area." *Economic Journal*, Vol. 115, No. 503, 2005, p. 319–342.

⑤ TF Cooley and V Quadrini. "Monetary Policy and the Financial Decisions of Firms." *Economic Theory*, Vol. 27, No. 1, 2006, p. 243–270.

⑥ Thomas, Jonathan, and T. S. Worrall. "Dynamic Relational Contracts with Credit Constraints." *School of Economics Discussion Paper*, 2010.

大公司能直接从货币市场获得资金,因此信贷供给的减少对大公司影响是比较弱的,但小公司则面临不同的情况,它们对信贷融资的依赖性较强,在出现信贷紧缩时,小公司将受到较强的信贷约束,从而不得不降低产出。Cavallari 等(2013)[1] 运用动态一般均衡模型,研究 61 个企业进入国际 RBC 模型中的合作难题,积极研究货币政策对 61 个企业的影响,并为积极的国际合作提供一个渠道,模拟模型与数据中的宏观经济动态相匹配程度。Abozaid 等(2016)[2] 分析了在异质性公司环境下的货币政策,其中现金紧张的公司通过外部融资和现金无约束的公司通过内部资金运作。研究发现,企业对冲击的反应不同:扩张性货币政策大幅增加了现金约束型企业的相对就业,而积极的生产率冲击导致现金无约束公司的相对就业的上升。分析指出,货币政策在重新分配不同融资能力的部门的资源方面发挥了明显的作用。此外,模型的预测与经验证据相一致,暗示金融约束的企业对货币政策冲击反应强烈,但在生产率冲击之后比不受约束的企业周期性要小。

祝继高、陆正飞(2009)[3] 通过中国人民银行数据可以分析我国企业和货币政策之间的联系,通过相关的研究发现表明,中国人民银行在实施紧缩性货币政策的时候,企业会提高现金持有水平,当中国人民银行实施扩张性货币政策的时候,企业就会缩小资金的持有量。并且企业的类型对于持有现金的方式也有很大区别。谢军、黄志忠、何翠茹(2013)[4] 利用 2002—2010 年上市公司的季度数据,发现企业投资—现金流的敏感性会影响货币政策的实施效果,并以此来优化企业的金融生态环境。宋献中、吴

---

[1] Cavallari, Lilia. "Firms' Entry, Monetary Policy and the International Business Cycle." *Journal of International Economics*, Vol. 91, No. 2, 2013, p. 263 – 274.

[2] Abozaid, Salem. "Financing of Firms, Labor Reallocation and the Distributional Role of Monetary Policy." *Working Papers*, 2016.

[3] 祝继高,陆正飞. 货币政策、企业成长与现金持有水平变化 [J]. 管理世界,2009(3):152 – 158.

[4] 谢军,黄志忠,何翠茹. 宏观货币政策和企业金融生态环境优化——基于企业融资约束的实证分析 [J]. 经济评论,2013(4):116 – 123.

一能、宁吉安（2014）①通过分析上市公司的数据，运用广义矩估计的方法，研究货币政策工具与公司资本结构的关系，与公司资本结构调整的速度和公司的成长性有关。刘晴辉（2010）②运用DSGE模型研究货币政策对企业行为的影响，并分析是否跟商业周期有关，商业周期是否会影响货币政策对企业行为的影响效果，并将企业分为国有企业和非国有企业来验证货币政策对不同类型企业的影响。文先明、江辉等（2011）③使用季度数据，并通过SVAR模型选取代表性行业，研究货币政策对代表性行业的企业经营状况的影响，并分析产生不同影响的原因。滑冬玲（2014）④在货币政策对于企业的影响可以利用结构性向量自回归模型来分析，在企业上主要分为两种：国有企业、非国有企业。这两种企业对货币政策的反应具有非对称性。郭晔、黄振、王蕴（2016）⑤将货币政策根据预期的可能性分为预期到的部分和未预期的部分，通过实证研究发现，未预期的部分对于企业的债券利差有着非常大影响，其中预期到的部分对于企业的债券利差有着非常不明显的状况，并且长期和短期的影响也是不同的，对长期的影响较大，对短期的影响较小。

述评：国内外研究货币政策对企业影响的文献，发现主要是从企业的融资信贷约束、对现金流的敏感性、企业自身的经营状况等方面来研究不同的货币政策对企业的影响，主要是采用的上市公司的数据。但是，体现货币政策效果的不仅要看货币政策的方向，更要看货币政策使用了什么类型的政策工具，不同类型的货币政策的影响肯定是不一样的。尤其是高质量发展阶段下货币政策当局不断创新货币政策工具，而已有的文献中分析

---

① 宋献中，吴一能，宁吉安．货币政策、企业成长性与资本结构动态调整［J］．国际金融研究，2014，331（11）：46-55.
② 刘晴辉．货币政策、企业行为与商业周期——基于动态随机一般均衡的模拟分析［D］．复旦大学，2010.
③ 文先明，江辉，曹滔，等．基于SVAR模型的货币政策对企业经营影响研究——以工业、房地产业、信息和计算机软件业为例［J］．经济数学，2011，28（4）：52-57.
④ 滑冬玲．货币政策对企业生产效率的影响：不同所有制企业的对比分析［J］．管理世界，2014（6）：170-171.
⑤ 郭晔，黄振，王蕴．未预期货币政策与企业债券信用利差——基于固浮利差分解的研究［J］．金融研究，2016（6）：67-80.

多种货币政策工具的实施效果的文献几乎没有。因此，本书计划以企业为微观主体视角、以企业的固定资产投资为研究对象，使用上市公司的数据，并将企业投资按照所有制类型的不同分为国有企业固定资产投资和民间固定资产投资，研究不同的货币政策工具对国有企业固定资产投资和民间固定资产投资的组合效应和特质效应。

第二节 固定资产投资的相关研究

一、固定资产投资的概况

固定资产投资的研究现状主要从以下几个角度来分析。一是从总体的角度，主要分析固定资产投资总量的变化和固定资产投资增速的变化。二是从区域的角度分析，研究不同区域固定资产投资的发展现状。三是从产业的角度分析，研究不同的产业的固定资产投资的发展现状。Toyin（2015）[1] 研究考察了固定资产投资对选定尼日利亚银行盈利能力的影响，分析了尼日利亚商业银行固定资产投资的重要组成部分。数据是从尼日利亚商业银行的年度报告和账户中获得的。采用皮尔森积矩相关法和多元回归法分析了因变量（净利润）与自变量（建筑、土地、租赁房屋、设备和配件、计算机投资）之间的关系。

刘希章、李富有和南士敬（2015）[2] 基于1995—2012年的数据研究东中西三大区域的民间投资状况。叶茜茜（2016）[3] 使用Thomson Venture Xporter 数据库中2000—2014年的民间投资交易数据，运用Logistic模型对民间投资偏好及投资脆弱性进行实证研究。研究发现联合主体的企业，经

---

[1] Olatunji Toyin E Author Work Place – Name；Nigeria. "Investment in Fixed Assets and Firm Profitability：Empirical Evidence from the Nigerian Banking Sector." *Asian Journal of Social Sciences & Management Studies*. Vol. 1，No. 3，2015.

[2] 刘希章，李富有，南士敬. 民间投资运行特征及经济增长效应分析——基于区域差异视角[J]. 经济与管理研究，2015（7）：12 – 18.

[3] 叶茜茜. 民间资本投资偏好及其脆弱性的实证检验[J]. 统计与决策，2016，16：167 – 170.

营时间较长的企业，沿海企业更偏好于多样化投资。杨涛（2016）[①]认为经济形势不好的时候，国家比较重视民间投资，经济形势好的时候，就把民间投资放在了次要的环节。这种"功利性的行为"并不能在根本上改变民间投资的发展。现实可行的法律制度保障才能解决 PPP 等模式难以推进的问题。刘立峰（2016）[②]认为固定资产投资下降很难用经济周期和结构性的因素来解释是制度因素造成的。并分析了"三扇门变成没门""民企安全感下降"等背后深层次的原因，解决上述问题的关键是必须进一步深化国企改革，完善民企发展的环境。余靖雯、郑少武和龚六堂（2013）[③]通过分析省际面板数据，研究发现生产性支出对民间投资不具有明显拉动作用，民间投资具有显著的动态累积效应，国企改制是民间投资高速增长的来源之一。刘希章、李富有和南士敬（2015）研究东中西三大区域的民间投资状况。辜胜阻、曹誉波和李洪斌（2014）[④]认为新型城镇化为民间资本带来全方位的投资机遇，推动民间资本参与城镇化，关键在于激发民间资本的投资活力。辜胜阻、刘江日和曹誉波（2014）[⑤]认为城镇化的推进需要大量的资金支持，引导民间资本参与城镇化的建设可以促进城镇运行的效率。通过阅读相关文献，主要从三大产业产值占比的角度来分析民间投资对产业结构升级的影响。赵振宇、王斐俊（2013）[⑥]认为民间资本的市场敏感性在创业投资方面具有比较优势，有利于优化产业结构。以浙江省为例，民间资本参与创业投资从规模和参与形式的多样化上取得了一些进展，但面临的参与瓶颈依然很高，尤其是缺乏良好的投资环境和法律保

[①] 杨涛. 改变民间投资发展困境 [J]. 中国党政干部论坛, 2016 (9): 97.
[②] 刘立峰. 民间投资增速下滑现象透视 [J]. 宏观经济管理, 2016 (8): 38–42.
[③] 余靖雯, 郑少武, 龚六堂. 政府生产性支出、国企改制与民间投资——来自省际面板数据的实证分析 [J]. 金融研究, 2013 (11): 96–110.
[④] 辜胜阻, 曹誉波, 李洪斌. 激发民间资本在新型城镇化中的投资活力 [J]. 经济纵横, 2014 (9): 1–10.
[⑤] 辜胜阻, 刘江日, 曹誉波. 民间资本推进城镇化建设的问题与对策 [J]. 当代财经, 2014 (2): 5–11.
[⑥] 赵振宇, 王斐俊. 解决民间资本参与创业投资瓶颈的对策 [J]. 经济纵横, 2013 (12): 53–56.

障。杨郁（2013）① 认为私募股权基金的投资理念符合民间投资的要求，改善民营企业的融资结构，并能通过优化资源配置调整产业结构拉动民间投资。梁帅、韩学广（2014）② 从微中宏三个角度对民间投资对产业转型升级的作用作了分析，发现对第一产业和第三产业起到了推动作用。晏露蓉等（2006）③ 以福建省为研究对象，通过定量分析，从产业的角度来看，民间投资对第三产业增加值的拉动程度从大到小依次为第三产业、第二产业、第一产业。

二、固定资产投资的研究方法

固定资产投资的研究主要分为：案例研究、计量方法和数理经济学方法。其中案例研究主要以浙江省及温州市、福建省、陕西省的民间投资为研究对象。赵振宇、王斐俊（2013）④ 以浙江省为例，认为民间资本的市场敏感性在创业投资方面具有比较优势，有利于优化产业结构。张雪春、徐忠和秦朵（2013）⑤ 分析了2003—2011年温州民间借贷利率的变化。高云艳（2014）⑥ 以陕西省的民间资本为研究对象，陕西省金融资源贫乏，效率不高，但民间资本活跃，借助丝绸之路经济带相关政策的大背景，促进民间资本进入银行业，发展民间金融街。计量方法主要是误差修正模型、变系数模型、空间计量、动态面板、微观计量等方法。梁帅、韩学广（2014）通过误差修正模型，分析民间投资对第一二三产业的影响。余靖雯、郑少武、龚六堂（2013）采用动态面板数据模型，考察生产性支出

---

① 杨郁．论私募股权基金对民间投资的拉动效应及法律规制［J］．求索，2013（1）：199 - 201．
② 梁帅，韩学广．民间投资影响产业转型升级：作用、机理及实证分析［J］．上海经济研究，2014（11）：54 - 61．
③ 中国人民银行福州中心支行课题组，晏露蓉，黄素英．民间投资与经济发展相关性研究［J］．金融研究，2006（10）：134 - 146．
④ 赵振宇，王斐俊．解决民间资本参与创业投资瓶颈的对策［J］．经济纵横，2013（12）：53 - 56．
⑤ 张雪春，徐忠，秦朵．民间借贷利率与民间资本的出路：温州案例［J］．金融研究，2013（3）：1 - 14．
⑥ 高云艳．陕西省民间资本投资银行业的发展现状及未来趋势——丝绸之路经济带战略视角［J］．改革与战略，2014（12）：59 - 63．

对民间投资的影响。数理经济学方法主要包括数值模拟、宏观经济模型、贝叶斯、博弈论等。王筱萍（2015）[①]认为技术创新急需资金，而民间资本投资无门，要构建民间资本联盟与技术创新风险投资合作框架，信任、信息共享和风险分担是合作得以保持的关键；并运用贝叶斯均衡理论分析民间资本联盟接受或拒绝投资的均衡条件，提出建立民间资本联盟风险基金的亏损补偿机制。

述评：综上分析，投资从定性和定量的角度都有所研究，但是都比较粗糙，很多重要的因素并没有考虑。当前我国面临世界性的经济大衰退，本身正处于高质量发展阶段所表现的经济增速换挡期与结构调整期。这些因素共同导致我国宏观经济环境的不确定性增加，所以，宏观经济风险对民间投资的影响非常重要，但目前尚未发现关于宏观经济风险与民间投资的相关文献。所以在接下来的研究中，本书将重点考察宏观经济风险（政策不确定性、整个宏观环境的预期）对民间投资的影响。最后，由于针对民间投资出台了一些相关的政策，例如民间投资的36条，国家发展改革委印发的促进民间投资健康发展若干政策措施。但是这些政策效果如何，目前没有相关文献研究。

第三节　VAR 模型的基本理论研究

本书基于 VAR 扩展模型来分析货币政策对固定资产投资的影响，因为随着计量模型的不断发展，分析货币政策对宏观经济变量的影响时，VAR 模型已经成为最为普遍使用的工具之一。一方面主要是 VAR 模型可以对许多宏观经济变量的动态关系进行分析，不用非常严格的划分宏观经济中的内生和外生的两个属性。另一方面主要是利用向量自回归技术来构件脉冲响应函数和方差分解两个方面来对模型进行分析总结，其中的一个变量可

[①] 王筱萍. 民间资本联盟与技术创新风险投资对接的风险分担机制研究 [J]. 财会通信, 2015 (5): 107–110.

以对模型中的所有变量产生影响。VAR 宏观模型已经自成一个体系,并且本部分内容主要是对 VAR 模型的多方面拓展进行应用分析。所以就对 VAR 模型的基本理论进行梳理。

一、VAR 模型

最初是 Sims 在研究经济问题时,首次使用 VAR 模型,将所有的内生变量都采用变量的滞后项来表示,例如模型系统中的内生变量滞后期为 p 则为 VAR(p)的模型,VAR(p)模型的一般表达式为:

$$X_t = A_0 + A_1 X_{t-1} + A_2 X_{t-2} + \cdots + A_P X_{t-P} + E_t \qquad (2-1)$$

式(2-1)中的 X_t 是处于时间 t 的 m 维内生变量向量,A_0 是常数向量。$A_j(j=1\cdots p)$ 是代估计的参数矩阵,内生变量有 p 阶滞后,E_t 是随机扰动项,且 $E(E_t) = 0$ 及 $E(E_t, E_t') = \sum$。每一个时间段的模型中的变量都是有着关联性,但是同一变量不能各个时期具有相关性。

在上述经济系统中滞后项的个数会影响模型的自由度,并且 VAR 模型并没有基于一定的经济理论,而是纯粹地基于统计数据的一种数学分析方法,并且没有包含经济结构方面的信息。于是,Sims 之后又对向量自回归模型进行了进一步修正。但是 VAR 模型作为一种经典的模型,在很多领域都得到了运用。Hill(2007)[1] 使用 3 个变量的向量自回归(VAR)模型研究货币供应量和实际收入的关系,以石油价格、失业率和国库券和商业票据利率之间的差额作为辅助过程。研究结果证明,从 M1 到实际收入,特别是通过失业率和 M2,一旦控制协整,就有非常显著的直接和间接因果关系。Cologni 和 Manera(2008)[2] 研究了 G7 国家的结构协整 VAR 模型,以研究油价冲击对产出和价格的直接影响以及货币变量对外部冲击的反应。实证分析表明,对大多数国家而言,似乎有意外油价冲击对利率

---

[1] Hill, Jonathan B. "Efficient Tests of Long - Run Causation in Trivariate VAR Processes with a Rolling Window Study of the Money - Income Relationship." *Journal of Applied Econometrics*, Vol. 22, No. 4, 2007, p. 747 - 765.

[2] Cologni, Alessandro, and M. Manera. "Oil Prices, Inflation and Interest Rates in a Structural Cointegrated VAR Model for the G7 Countries." *Energy Economics*, Vol. 30, No. 3, 2008, p. 856 - 888.

的影响。这意味着紧缩的货币政策反应，旨在打击通货膨胀。反过来，通过增加产出增长和通货膨胀率，利率的增加被传递给实体经济。Chiu 和 Mumtaz 等（2017）通过使用美国工业生产增长、通货膨胀、利率和股票回报的数据来估计该模型。就样本内拟合而言，同时具有随机波动性和分布扰动的 VAR 模型可能会提高预测的准确性。

二、SVAR 模型

结构向量自回归模型（SVAR）是将变量之间的结构性关系引入 VAR 模型中，解决变量之间的结构关联性问题。两位意大利的经济学家 Amisano 和 Giannini（1997）[①] 最早在自己的书里对结构向量自回归模型的识别方法、估计方法和脉冲响应及方差分解进行了分析，对结构向量自回归模型的研究具有非常重要的借鉴意义。结构向量自回归模型主要是基于一定的经济理论基础。比如，现代货币政策的利率传导机制可以用 IS 等式、菲利普斯曲线和 Taylor 规则的动态系统来研究。那么一个货币政策传导机制系统就形成了，其中令 X_t 表示真实总产出缺口，π_t 和 i_t 相继分别表示为通货膨胀和短期利率，那么模型可以写成如下形式：

$$x_t = c_1 + \alpha_1 x_{t-1} + \alpha_2 (i_t - \pi_t) + \mu_{xt} \tag{2-2}$$

$$\pi_t = c_2 + \beta_1 \pi_{t-1} + \beta_2 x_t + \mu_{\pi t} \tag{2-3}$$

$$i_t = c_3 + r_1 i_{t-1} + r_2 x_t + r_3 \pi_t + \mu_{it} \tag{2-4}$$

其中，μ_{xt} 表示需求冲击，$\mu_{\pi t}$ 表示供给冲击，μ_{it} 表示货币政策冲击项，并且假设这 3 个冲击项并不存在序列相关性。

以上 3 个方程可以看出，欧拉等式表示了 X_t 与 $(i_t - \pi_t)$ 之间的关系，这两者是存在一种线性关系；菲利普斯曲线将通货膨胀定义为滞后一期的通货膨胀率与 X_t 之间的关系；Taylor 规则使用的货币政策工具是短期利率，验证货币政策的利率渠道对经济产出和通货膨胀的影响。所以，结构向量自回归模型在一定的经济理论的基础上，上述 3 个方程式就是一个典型的结

[①] Amisano, Gianni, and C. Giannini. *Model Selection in Structural VAR Analysis. Topics in Structural VAR Econometrics*. Springer Berlin Heidelberg, 1997, p. 107 – 113.

构向量自回归模型,但是为了方便进一步分析,把方程的形式转化成向量的形式以更好分析结构向量自回归模型。

所以,首先定义向量 $Y_t = \begin{bmatrix} x_t \\ \pi_t \\ i_t \end{bmatrix}$

这样,就可以将上述式子重新写成:

$$\Gamma_0 Y_t = \delta + \Gamma_1 Y_{t-1} + \mu_t \qquad (2-5)$$

其中 $\Gamma_0 = \begin{bmatrix} 1 & -\alpha_2 & \alpha_2 \\ -\beta_2 & 1 & 0 \\ -\gamma_2 & -\gamma_3 & 1 \end{bmatrix}$

$$\Gamma_1 = \begin{bmatrix} \alpha_1 & 0 & 0 \\ 0 & \beta_1 & 0 \\ 0 & 0 & \gamma_1 \end{bmatrix}$$

$$\delta = \begin{bmatrix} c_1 \\ c_2 \\ c_3 \end{bmatrix}$$

$$\mu_t = \begin{bmatrix} \mu_{xt} \\ \mu_{\pi t} \\ \mu_{it} \end{bmatrix}$$

将 SVAR 模型拓展到高阶的形式,即 SVAR(p)模型,即:

$$\Gamma_0 Y_t = \delta + \Gamma_1 Y_{t-1} + \Gamma_2 Y_{t-2} + \cdots + \Gamma_p Y_{t-p} + \mu_t \qquad (2-6)$$

三、FAVAR 模型及 SFAVAR 模型

FAVAR 模型是因子增强向量自回归模型,Stock 和 Watson 等(2002)[①] 最早在 VAR 模型中引入因子分析,开启了因子分析研究的先河,另外,Bernanke

---

① Stock, James H, and M. W. Watson. *Has the Business Cycle Changed and Why?* National Bureau of Economic Research, Inc, 2002.

和 Boivin 等（2005）[1] 将 FAVAR 模型广泛应用于研究货币政策对经济的影响，利用大数据集的因子分析确实可以更加正确地识别货币传导机制。Silva（2008）[2] 在探讨货币政策与房地产市场之间的关系时，也使用了伯南克等人开发的 FAVAR 模型，避免了之前的向量自回归模型存在的自由度的问题。Gupta、Jurgilas 和 Kabundi（2010）[3] 研究国防支出对美国经济的影响使用了 FAVAR 模型，评估了积极的国防支出对实际国民生产总值增长率的影响。Abbate 和 Eickmeier 等（2016）[4] 研究美国金融危机的国际传递情况，也使用 FAVAR 模型来模拟金融状况指数与9个主要发达国家的宏观经济、金融和贸易变量的大集合。很多学者主要使用的是 FAVAR 的模型作为主体的动态分析，该模型主要是包含着许多的宏观的经济指标，所考虑的信息更加充分。但是，FAVAR 模型存在一个问题。因为 FAVAR 模型中的公共因子本身其实并没有较为明确的经济意义，所以当使用脉冲响应函数时，所得到的脉冲效果因为没有经济学含义，所以给效果的解释增加了困难。为了解决上述问题，Belviso 和 Milani 等（2005）[5] 提出了一个全新的结构因子增强模型，并且模型中的因素有明确的经济含义，并对明确的经济含义进行分析，建立了结构因子增强向量自回归模型（SFAVAR）进行联合估计。Abraham 和 Cavalcanti 等（2006）[6] 利用 SFAVAR 研究货币政策对广泛的宏观经济变量的影响，采用贝叶斯方法联合估计的因素和动态模型，发现 SFAVAR 可以更好识别货币政策的冲击，

---

[1] Bernanke, Ben S, J. Boivin, and P. Eliasz. "Measuring the Effects of Monetary Policy: A Factor – Augmented Vector Autoregressive (FAVAR) Approach." *Quarterly Journal of Economics*, Vol. 120, No. 1, 2005, p. 387 – 422.

[2] Carlos Vargas Silva. "The Effect of Monetary Policy on Housing: A Factor – Augmented Vector Autoregression (FAVAR) Approach." *Applied Economics Letters*, Vol. 15, No. 10, 2008, p. 749 – 752.

[3] Rangan Gupta, Alain Kabundi, and Emmanuel Ziramba. "The Effect of Defense Spending on Us Output: A Factor Augmented Vector Autoregression (FAVAR) Approach." *Defence & Peace Economics*, Vol. 21, No. 2, 2010, p. 135 – 147.

[4] Abbate, Angela, et al. "The Changing International Transmission of Financial Shocks: Evidence from a Classical Time – Varying FAVAR." *Journal of Money Credit & Banking*, Vol. 48, No. 4, 2016, p. 573 – 601.

[5] Belviso, Francesco, and F. Milani. "Structural Factor – Augmented VAR (SFAVAR) and the Effects of Monetary Policy." *Ssrn Electronic Journal*, Vol. 6, No. 3, 2005, p. 1 – 46.

[6] Abraham, Arpad, and T. Cavalcanti. "Structural Factor – Augmented VARs (SFAVARs) and the Effects of Monetary Policy." *Topics in Macroeconomics*, Vol. 6, No. 3, 2006, p. 1443 – 1443.

能够对各经济变量的影响进行解释,并且脉冲响应也会有相应的经济含义。

四、GVAR 模型

向量自回归模型由于受到估计参数自由度的限制,模型能分析的变量数目就比较少,而我们知道宏观经济系统所包含的变量非常多,一般的向量自回归模型所考虑的数目就比较少,存在遗漏变量的问题,不能较好地反应宏观经济运行的真实情况,而全局向量自回归模型包含大量的宏观经济变量,能较好地克服由于经济变量数目较少的问题。全局向量自回归模型(GVAR)是由 Pesaran、Schuermann 和 Weiner(2004)[1] 提出的,研究信用组合中的企业资产价值变化与动态宏观经济计量模型相联系,允许宏观效应从违约的角度中分离出来。违约概率主要由企业如何与商业周期联系在一起的,无论是国内还是国外以及商业周期如何与各国联系在一起,假设负资产价格冲击对一个或多个季度的全球风险敞口的信贷组合的损失分布的影响。通过研究分析表明,这种冲击对损失的影响是不对称的和非比例的反映了信用风险模型的高度非线性性质。Dees、Mauro、Pesaran 和 Smith(2007)[2] 提出了一个单季度全球模型,GVAR 模型被估计为 26 个国家,欧元区被视为一个单一的经济体,它提供了一个理论框架,其中 GVAR 是作为全局未观测公共因子模型的近似而导出的。使用平均成对截面误差相关,GVAR 方法被证明是非常有效的处理共同因素的相互依赖性和国际合作的商业周期。它开发了一个筛引导程序,用于模拟 GVAR 作为一个整体,用于测试参数的结构稳定性,并建立脉冲响应的置信界限。除了广义脉冲响应,本书还考虑了 GVAR 用于"结构"脉冲响应分析,重点关注欧元区经济的外部冲击,特别是应对美国的冲击。Chudik 和 Pesaran 等(2014)[3] 全球向

---

[1] Pesaran, M. Hashem, T. Schuermann, and S. M. Weiner. "Modeling Regional Interdependencies Using a Global Error – Correcting Macroeconometric Model." *Journal of Business & Economic Statistics*, Vol. 22, No. 2, 2004, p. 129 – 162.

[2] Dees, Stephane, et al. "Exploring the International Linkages of the Euro Area: A Global VAR Analysis." *Journal of Applied Econometrics*, Vol. 22, No. 1, 2007, p. 1 – 38.

[3] Chudik, Alexander, and M. H. Pesaran. "Theory and Practice of GVAR Modeling." *General Information*, 2014.

量自回归（GVAR）方法已被证明是一种非常有用的方法来分析在全球宏观经济和其他数据网络中的横截面和时间维度都很大的相互作用。本书综述了 GVAR 建模的最新发展，考察了该方法的理论基础及其众多的经验应用。本书提供了现有文献的综合，并突出了未来研究的领域。

五、PVAR 模型

因为个体有差异性，在数据上有时变性。面板向量自回归模型可以充分考虑变量的非时变的个体效应和同质性的时变效应，较好的解释变量之间的相互关系。Aknouche 等（2007）[1] 用 PVAR 模型研究不同季节的自协方差，从而便于周期模型的有效计算，利用状态空间表示来提取周期平稳性的一个条件，在该条件下，可以用过简单但易于处理的形式表示自协方差。Brana、Djigbenou 和 Prat（2012）[2] 重点研究了全球过剩流动性对一组新兴市场国家的良好资产价格的影响，通过 PVAR 模型首先定义全球流动性并强调流动性过剩的情况。通过研究发现，全球流动性过剩对新兴国家的产出和价格水平具有溢出效应。新兴国家对房地产和大宗商品价格的影响还不太清楚。Lecturer 和 Egwaikhide（2014）[3] 采用面板向量自回归模型（PVAR）考察了油价波动对非洲 5 个石油出口国经济绩效的影响。这些国家有阿尔及利亚、安哥拉、埃及、利比亚和尼日利亚。为了研究冲击的响应，该研究确定石油价格波动，实际国内生产总值（即实际 GDP）、财政赤字、总投资和货币供应冲击，以这种方式排序的变量，并使用标准的 Cureki 因子分解。脉冲响应函数的结果表明，在所有宏观经济变量中，总投资对油价波动的响应更为有效。然而，财政赤字、实际 GDP 和货币供应量的反应却不那么有效。

---

[1] Aknouche, Abdelhakim. "Causality Conditions and Autocovariance Calculations in PVAR Models." *Journal of Statistical Computation & Simulation*, Vol. 77, No. 9, 2007, p. 769 – 780.

[2] Brana, Sophie, M. L. Djigbenou, and S. Prat. "Global Excess Liquidity and Asset Prices in Emerging Countries: A PVAR Approach." *Emerging Markets Review* 13. 3 (2012): 256 – 267.

[3] Chudik A, Pesaran M H. Theory and Practice of GVAR Modelling [J]. Journal of Economic Surveys, 2014, 30 (1): 165 – 197.

第三章

我国货币政策演变及固定资产投资现状

1998 年至 2022 年，我国基础货币总量从 3 万亿元增加到 40 万亿元，年均增速高达 15.5%，可以发现 2006—2011 年是增长高峰期，年均增速高达 23.2%。但是如果观察中国人民银行总负债增速，其中高峰期是 2003—2008 年。但目前两者增速均放缓至 10% 以内，基础货币增速明显放缓。由于货币政策状况以及货币政策目的的持续变更，中国人民银行为了提升调整的高效性以及针对性，不断补充和完善调控方式和政策工具。政策的制定者和市场的参与者只能观察到每种货币政策工具的变化，无法观察到货币政策工具组合形成的潜在驱动力，从而难以客观地评价多种货币政策工具组合对固定资产投资形成的效果。只有理顺货币政策框架才能进一步研究货币政策产生影响，货币政策调控框架包括货币政策工具、货币政策中介目标和货币政策传导机制 3 个部分。

第一节　我国货币政策工具的演变

一、法定存款准备金政策工具

国务院在 1983 年初出台了《关于中国人民银行专门行使中央银行职能的决定》，在文件中首次提出存款准备金制度，规定商业银行的储蓄存款必须按照规定比例缴存中国人民银行。随后于当年 3 月，中国人民银行对存款准备金制度进行改革，将法定准备金账户和备付金存款账户合并。在新文件中规定，法人统一向中央银行缴存存款准备金，并对法定存款准备金率进行下调，由 13% 下调到 8%。2004 年 4 月，中国人民银行再次对存款准备金制度进行改革，提出了差别存款准备金率制度。该制度规定，商业银行的存款准备金率应该与商业银行的预期资本充足率、资产质量状况等指标挂钩，若该商业银行资本充足率低于一定标准，则中国人民银行提高该商业银行的存款准备金水平，形成有效的激励与约束机制。

我国存款准备金制度功能演变共分为 4 个阶段：

1. 中央银行筹集资金手段（1984—1998年）

此阶段正值改革开放全面建设，存款准备金制度被中国人民银行用来筹措资金，主要投向大型项目建设和调整信贷结构。存款准备金在此阶段具有较高的时间使用价值，因此中国人民银行要对商业银行存缴的存款准备金支付较高的利息。按存款种类来看，储蓄存款存缴的存款准备金的利率为40%，农村存款存缴的存款准备金利率为25%，企业存款存缴的存款准备金利率为20%。中国人民银行对商业银行规定了较高的法定存款准备金率。中国人民银行又不得不以再贷款的形式将资金回流到商业银行。此阶段过高的法定存款准备金率为商业银行的正常经营带来了极大挑战，中国人民银行为释放各商业银行资金使用活力、平衡资金配置，从1985年将法定存款准备金率进行统一，全部调整为10%。

1987—1988年，国家重点产业和项目建设急需大量资金，而且CPI高企、通货膨胀日益严重，中国人民银行为筹措项目建设资金和抑制通货膨胀，两年间连续两次上调法定存款准备金率。在1987年中国人民银行规定法定存款准备金从10%上调至12%，1988年9月中国人民银行再次上调，调整至13%。直至1998年3月20日13%的存款准备率才进行调整。

此时，中国人民银行规定各商业银行存缴的法定准备金存款不具有支付和清算功能。资金收付功能主要由备付金存款账户实现，该账户是各商业银行根据中国人民银行规定设立的一般存款账户。1989年，中国人民银行更深度地对超额准备金的存款账户展开规定，提出了超额准备金率保持在5%~7%的要求。1995年，中国人民银行再次对备付金率进行调整，要求根据各商业银行经营的现状确定备付率，具体而言，中国农业银行备付率不得低于7%，中国工商银行和中国银行备付率不得低于6%，中国建设银行和中国交通银行备付率不得低于5%。

2. 演化为一般性货币政策操作工具（1998—2004年）

1998年，我国银行间同业拆借市场恢复运营，再贴现工具作用日渐凸显，中国人民银行对再贴现率形成机制进行改革，初步形成间接型货币政策操作框架，意味着存款准备金制度成为具有重要作用的一般性货币政策操作工具。

1998年3月21日，中国人民银行再次对存款准备金制度进行大幅度改革，包括以下几个重要举措：一是合并商业银行在人民银行开设的"准备金存款"和"备付金存款"两个账户，合并的新账户称为"准备金存款"账户；二是下调法定存款准备金率，由13%降至8%，各商业银行依据自身经营情况确定准备金存款账户超额部分；三是按法人统一及按旬考核各商业银行存款准备金；四是对商业银行的一般存款范围进行重新调整，将中国人民银行委托代理在商业银行的财政性存款中的机关团体存款、财政预算外存款，划为商业银行一般性存款，商业银行按中国人民银行规定比例缴存法定存款准备金。

3. 一般性与结构性的货币政策操作工具与支付清算保证（2003—2010年）

2000年以后我国经济持续保持高速增长，尤其是2003年出现了经济过热现象，具有明显的结构性特征。针对经济过热现象，中国人民银行在2004年4月对存款准备金制度进行改革，实行差别存款准备金率制度。差别存款准备金制度对存款准备金产生较为深远的影响，存款准备金首次成为能够进行结构性调整的一般性操作工具。该制度规定，商业银行向中国人民银行缴存的存款准备金率大小要参考商业银行自身资金情况，如资本充足率、资产质量等。若商业银行的资本充足率低于行业一般水平，则该商业银行需要执行相对较高的存款准备金率。由此，通过商业银行资产指标与存款准备金率挂钩，对商业银行形成双向激励和约束机制，充分开发了存款准备金制度的货币政策工具属性，首次将金融监管和货币政策实现紧密结合。

2006—2008年上半年，我国经济偏热趋势明显，货币流动性供需出现新的变化，为了应对顺差持续扩大和外汇资金大量流入，减缓多余流动性冲击，中国人民银行针对此现状多次上调存款准备金率，比如2006年下半年累计3次共上调1.5个百分点，2007年全年累计上调10次共5.5个百分点，2008年上半年累计5次共上调3个百分点。2006—2008年上半年，累计共18次上调存款准备金率由7%调整至17.5%，中国人民银行通过上调存款准备金率成功地解决了流动性过剩带来的经济过热冲击问题。

时间转至 2008 年下半年，经济过热现象得到有效缓解，银行体系流动性供应问题逐渐凸显。中国人民银行为保证金融系统的流动性供应，连续四次下调存款准备金率，按照银行规模大小的不同进行分类调整，大型银行的存款准备金率下调 2 个百分点，中小型银行下调 4 个百分点。

而到了 2010 年，在度过全球金融危机之后，世界范围内的流动性出现逐渐宽松的趋势，我国国际收支顺差相对保持高位运行，金融体系流动性比较充足。中国人民银行针对后金融危机时代的新形势，只要采用公开市场操作和存款准备金制度，其中在短时间内连续 6 次上调存款准备金率，每次上调 0.5 个百分点，累计 3 个百分点。

4. 一般性货币政策工具与宏观审慎政策工具（2011 年至今）

在后金融危机时代，总结全球金融危机经验是 2011 年之后全球货币政策监管的重要议题，在吸取经验教训的基础上，中国人民银行引入差别准备金动态调整机制。该机制规定，信贷投向应该符合以下几点要求：一是要符合宏观审慎政策；二是综合考量银行的经营稳健性；三是要考虑信贷投放时的经济状况。通过动态调整的三点要求在政策角度引导银行稳健经营，相机调节信贷投放。

将动态调整机制引入差别存款准备金制度具有明显的优势：一是动态调整机制更符合宏观审慎的要求，可以相机逆周期进行调节信贷投放，而差别存款准备金制度主要在微观审慎框架下建立信贷投放的激励与约束机制，监管格局相对局限；二是动态调整机制将宏观审慎框架和流动性管理相结合，是对中国人民银行货币政策调控的机制创新，丰富了货币政策操作工具制度内涵。

二、再贴现、再贷款政策工具

在过去较长一段时间内，投放基础货币的主要工具是再贴现和再贷款。但随着近些年经济形势的不断变化和金融市场的快速发展，再贷款和再贴现的主要功能转向了调整信贷结构、优化信贷资金流向。

1. 我国再贴现政策的发展大致可以分为四个阶段

1980—1985 年为第一阶段，我国票据市场得到快速发展，再贴现政策应运而生。1980年，党中央、国务院根据经济发展需要，作出了关于在目前经济制度下充分发挥市场作用的重要战略部署，中国人民银行上海分行积极遵循党中央国务院指示精神，决定在上海两个区实行票据贴现试点。1981年，中国第一笔同城商业承兑和异地银行承兑汇票贴现分别由上海市杨浦区和黄浦区的中国人民银行办事处及上海市徐汇区中国人民银行办事处和安徽省天长市中国人民银行支行办理。试点工作的有效开展，使中国人民银行上海分行提振了继续开展贴现业务的信心，上海分行根据试点经验向中国人民银行总行上交了《关于恢复票据承兑、贴现业务的请求报告》，中国人民银行总行肯定了上海分行的贴现业务试点工作，决定扩大试点范围，另选取河北、重庆等地进行贴现业务和票据承兑试点。试点工作的开展，为中国人民银行在全国单位开展此项业务积累了大量的实操经验和管理经验，最终在1984年中国人民银行在全国范围进行推广此项业务[①]。

1986—1994年为第二阶段，我国的再贴现业务步入发展的快阶段。各商业银行大规模开展再贴现业务开始于1986年中国人民银行颁布的《再贴现试行办法》。政策的出台为商业银行开展再贴现和票据承兑业务打开了政策通道，但随之市场情况的变化，为商业银行开展票据贴现业务创造了巨大的市场需求。当时，全国出现了大量拖欠贷款的情况，中国人民银行为了厘清信贷关系、清理贷款拖欠，采用新的银行结算制度，目的是将企业之间的商业信用关系逐渐商业化。两年后，中国人民银行对商业汇票办理和一系列流程就行规范，出台《银行结算办法》和《银行结算会计核算手续》两份文件作了详细描述。而在1991年国家在全国范围内开展三角债清理工作，将多变债务处理与银行贴现业务结合清理，大大促进了再贴现业务量的增长。但在推行贴现业务的过程中，商业汇票业务在实际应用中还是出现了一些问题（如银行与客户联合套取资金等），为了规范票据市场的正常运转，中国人民银行在9月出台《关于加强商业汇票管理的通知》予以规范。

---

① 1984年，中国人民银行颁布《商业汇票承兑、贴现暂行办法》，决定在1985年在全国范围内实施此项业务。

随着信贷规模的不断扩张，中国人民银行逐步加强金融宏观调控职能，促进信贷总量控制方式由直接控制规模向制定规划、再贴现等间接方式转变，增加再贴现和商业汇票承兑额度，减少直接房贷总量。至此，再贴现成为了中国人民银行重要的一般性货币政策工具之一。

1994年末至1996年为第三阶段，中国人民银行频繁使用再贴现作为选择性货币政策工具。中国人民银行发行专门的再贴现资金用于煤炭、电力等五大行业及棉花、生猪等四种农副产品已贴现票据的再贴现，总额度达到100亿元。再贴现资金规模逐步扩大、应用范围日渐广泛，为调节货币供应量、促进经济发展和优化产业结构发挥重要作用，是货币政策不可或缺的政策工具。同时，再贴现立法保障工作紧随其后，1995年颁布《中华人民共和国票据法》，对再贴现和票据业务进行法律规范。再贴现业务和票据市场的日益完备，使再贴现业务应用范围得到空前扩大，基本覆盖到全国经济生活的各个领域，为解决商业银行资金周转困难问题发挥了重要作用。但是，亚洲金融危机的发生使商业银行为应对信贷风险、保持资产，放缓了再贴现业务的发展速度，不仅严格控制再贴现规模，还加强了业务流程的把控，大大降低了再贴现业务量。

1998年至今为第四阶段，即再贴现业务的完善阶段。1998年是再贴现业务发展的重要节点，中国人民银行首次发布单独再贴现率，不再与再贷款率联动，标志着再贴现率在货币政策工具中的地位进一步提升。随后，中国人民银行针对再贴现业务进行进一步完善和规范，包括以下几个方面。一是发展区域性票据市场，完善再贴现业务体系。中国人民银行向中心城市（省会城市或者副省级城市）授权，形成以该中心城市为核心的区域性市场，充分发挥中心城市窗口作用。二是简化再贴现业务流程，提高再贴现操作效率。业务流程的精简包括两个部分，一部分是要提高商业银行省级分行的业务办理权限，省级分行自持的票据可自行进行办理，另一部分是要建立全国联网的票据信息查询和监控系统，加强再贴现业务的信心管理能力。三是扩大再贴现业务适用范围，将原来的"五行业四品种"扩大到只要以真实商品和劳务交易为依托签发的商业汇票即可，前提要符合国家法律法规。同时，进一步下放再贴现业务开展范围授权，对某些资质良好、具有相关业务开展经验的信用合作社和企业财务公司进行再贴现，有利于缓解城乡信用合作社和部分集团公司流动性不足的困境。

2. 我国再贷款政策的发展大致可以分为五个阶段

第一阶段是1984年以前，运用再贷款政策调控经济的萌芽时期。1979—1983年，当时的中国人民银行肩负了运动员与裁判员的双重身份，开展"分级管理、差额包干"的信用贷款管理措施，借助核定人民银行的分行以及专业银行的存贷差来实现对全社会货币供应总量的控制。因此，这期间对存贷差计划的控制可以看作是我国再贷款工具运用的萌芽阶段。

第二阶段是1984—1993年，奠定了中国人民银行通过再贷款调控基础货币的基础。中国人民银行在1984年后专职中国人民银行的职责和使命，遂对信贷资金管理体制再度变革，由"分级管理、差额包干"转向"统一计划、划分资金、实贷实存、相互融通"，并通过原有中国人民银行与商业银行核定信贷差的计划体制下，中国人民银行拥有核定的管理权，由此再贷款政策成为了中国人民银行控制货币总量的途径之一。在此后的10年间（1984—1993年），再贷款总额度占基础货币供应总量的80%左右，成为中国人民银行控制基础货币的最重要的手段。在这一阶段中，再贷款主要由人民银行各分支行根据总行的计划对当地商业银行发放。

第三阶段是1994—1996年，再贷款作为基础货币投放渠道的职能逐步消失，开始行使政策性金融工具职能。1994年1月1日，中国人民银行对外汇汇率机制进行改革，将双轨制（人民币官方汇率和外汇调剂汇率）合并，市场主体按照法律法规通过商业银行进行外汇买卖和兑换，而银行进入银行间外汇市场进行外汇交易，由银行间外汇市场交易形成汇率。但是，中国人民银行考虑到市场汇率的波动性和稳定性，对外汇汇率设定波动区间，保证汇率的相对稳定性。这就是1994年的汇率改革。自此外汇储备成为我国基础货币投放的重要渠道。但是，1994年正值中国人民银行实施紧缩型的货币政策，要收紧市场流动性，中国人民银行采取了对冲外汇占款的方式，同时必须降低中国人民银行的再贷款规模。基于这个背景，1994年我国相继组建了3家政策性银行，其资金来源主要就是中国人民银行再贷款以及发行政策性融债券等。

第四阶段是 1997—2014 年，再贷款作为"最后贷款人"的角色用于维护金融稳定。亚洲金融危机后，我国金融体系中积聚了巨额的不良资产。用于剥离不良资产的四大资产管理公司的一个重要资金来源就是中国人民银行释放的再贷款。1999 年，中国人民银行向东方、信达等 4 家资产管理公司发放 6041 亿元再贷款。时隔 6 年，中国人民银行向信达资产管理公司发放 1604 亿元再贷款，周期为 5 年，专用于收购四大国有银行的可疑类贷款。2005 年，四大资产管理公司再次获得 5 年期 4950 亿元的中国人民银行再贷款，用于收购工商银行同等规模的可疑类贷款。在 1997—2001 年，大量资不抵债的中小金融机构被关闭，政府为维持市场稳定性，兑付不良债务，26 个省市以财政担保形式从中国人民银行获取 1400 亿元再贷款。

第五阶段是 2014 年至今，再贷款是传统的中国人民银行借贷便利类工具。2014 年，中国人民银行优化再贷款政策和结构，对再贷款进行细化分类和调整，其中专项政策性再贷款和金融稳定再贷款保持不变，调整流动性再贷款分类，具体分为信贷政策支持再贷款和流动性再贷款。流动性再贷款的重新定位，补充了创新常备借贷便利工具作为流动性支持工具的不足和薄弱缺点，充实了工具分类。新设立的信贷政策支持再贷款倾向于响应国家产业结构调整、扶持"三农"和中小微企业的发展诉求，分为支持农业的支农再贷款和支持小微企业的支小再贷款，2016 年又创新了扶贫再贷款。再贷款分类的调整具有积极的作用，有利于强化中国人民银行的宏观调控职能，重新定位再贷款的角色，增强了中国人民银行合理引导信贷流向、加强流动性管理的能力，保证中国人民银行更好地履行金融监管和服务经济的职责。

三、公开市场操作政策工具

公开市场操作是中国人民银行常采用的货币政策工具，主要用于释放和回笼基础货币，调节市场货币资金总量。中国人民银行通过与指定交易商进行有价证券和外汇交易来控制基础功能供给已达到货币政策调控目标。我国的公开市场操作工具主要包括政策性金融债券、中国人民银行票据和国债。

我国运用公开市场操作政策工具的历史相对较短、手段有限。中国人民银行的公开市场操作的标的主要就是人民币和外汇。外汇操作开启时间相对较早，始于1994年。而人民币操作曾经有所暂停，到1998年才恢复。外汇操作和人民币操作的相继使用使得公开市场操作成为中国人民银行调节市场流动性、形成货币市场理论机制的重要工具之一。

公开市场操作的发展大致可以分为以下三个阶段。

第一阶段是2008年以前，我国使用公开市场操作的目的比较简单，就是控制基础货币的投放（外汇公开市场操作）和回笼（人民币公开市场操作）以对冲外汇占款增长过快风险。

我国公开市场业务一级交易制度始于1998年，中国人民银行选取具有一定大额债券交易资质和经验的专业银行作为交易对象，到目前符合要求的交易对象大约有40家。操作的流程就是符合相关条件的商业银行与中国人民银行进行政策性金融债券、国债等品种交易，方式包括回购、现券和发行央行票据等。我国加入世界贸易组织（WTO）以后，国际收支长期保持双顺差，为维持人民币汇率合理均衡，中国人民银行通过外汇公开市场操作被动投放大量基础货币。

第二阶段是2008—2011年，中国人民银行公开市场操作从基础货币净回笼转变为净投放。由于外汇占款增速的不断下滑，人民币公开市场业务交易需求也相应下降。再加上我国银行间债券市场的快速发展为公开市场业务提供了大量的操作工具。公开市场业务操作的主要工具和方式也在发生转变，由发行中国人民银行票据向回购转变。

第三阶段是2012年至今，2012年中国人民银行暂停发行央票并不断加大回购操作力度。2012—2014年，正、逆回购操作成为主要的操作方式，占整个公开市场操作总额的65%。2014年中国人民银行推出了创新型货币政策工具，如中期借贷便利（MLF）、常备借贷便利（SLF）、短期流动性调节工具（SLO）等长期和短期借贷工具，进一步完善了我国的公开市场操作。后文会单独分析这几款创新型货币政策工具。

四、创新流动性管理工具

自 2008 年经历全球金融危机、2013 年开启供给侧结构性改革等,金融体系的流动性受到了全球宏观经济形势和中国经济政策转变的影响,特别是供给侧结构性改革和社会主要矛盾转变的多因素叠加和经济换挡期间,金融体系间的流动性波动加大,短期资金缺口难以通过银行信贷融资解决,经济形势变化和流动性缺口困难加大了银行对流动性的管理难度。为了增强中国人民银行对市场资金利率的调控作用、防范金融体系流动性风险,需要中国人民银行创新流动性管理新机制,提高银行应对流动性短缺的能力,着力保障金融体系的正常运转,在高质量发展阶段下更好地服务于实体经济。

中国人民银行敏锐感知到全球和中国经济发展的新变化,积极总结国外先进经验,基于我国目前的货币政策体系,首次提出了两项新的货币政策工具:以根据实际情况,相机抉择使用常备借贷便利(Standing Lending Facility,SLF)和公开市场短期流动性调节工具(Short-term Liquidity Operations,SLO)。

常备借贷便利(SLF)是世界主要国家央行常设的货币政策工具,因为持有最长期限可达 3 个月,适合用于金融机构尤其是政策性商业银行和大型商业银行的长期大额资金需求,利率随央行货币政策影响,具有一定波动性。常备借贷便利有两种发放方式:一是借款方式;二是抵押方式,包括对具有较高资质评级的债券资产和信贷资产。

公开市场短期流动性调节工具(SLO)区别于常备借贷便利的重要点有以下几个:一是期限不同,作为公开市场操作的补充,短期流动性调节工具期限更短,一般为一周以内,节假日视情况延长;二是利率确定方式不同,短期流动性调节工具的利率采用市场招标方式,不仅受到货币政策调控影响,还要考虑市场资金供求状况等;三是操作对象不同,短期流动性调节工具的受用对象范围更窄,主要是公开市场业务一级交易商中资质比较良好的金融机构。

常备借贷便利和公开市场短期流动性调节工具的设立迅速成为中国人民银行常规的货币政策操作工具,对流动性管理发挥了重要作用。一是能够有效调节市场流行性供需关系，防范金融体系短期流动性异常波动风险，保证金融市场的相对稳定性；二是中国人民银行货币政策工具的完善有利于给市场主体形成稳健的政策信号、稳定金融市场预期，降低了金融市场心理波动风险；三是两种工具与其他货币政策工具互相配合、相互补充，完善了我国货币政策工具体系，增强了中国人民银行流动性管理能力和水平，调动了中国人民银行进行金融宏观调控的主动性和积极性提高了中国人民银行货币政策调控的可操作性。

2014年以后，中国人民银行调整货币政策工具和货币政策目标取向，逐渐采用定向调控方式引导信贷资金流向，特别是支持"三农"和中小微企业，真正实现金融服务实体经济的本源功能，积极参与经济结构转型之中。2014年4月，首次针对"三农"领域进行定向降准。2014年6年再次针对"三农"和中小微企业定向降准。其中，2014年4月的定向降准主要是针对"三农"贷款比例高的县域商业银行和县域农村信用合作社，存款准备金率分别下调2个百分点和0.5个百分点；6月的定向降准主要是要求"三农"和中小微企业贷款达到一定比例的商业银行①，存款准备金下调0.5个百分点。

两次精准定向降准充分发挥了中国人民银行合理引导信贷资金流向，调整信贷结构，支持服务"三农"和中小微企业的积极作用。但是需要指出的是，目前我国信贷总量规模相对比较庞大，增长速度也相对比较快，中国人民银行在调整货币政策目标和使用货币政策工具时要注重信贷结构的优化调整，减轻过去对信贷总量控制的路径依赖，要对商业银行实现资金流向考核制度，对"三农"和中小微企业贷款超过一定标准的商业银行进行奖励，建立动态考核和激励机制。信贷结构调整方式的转变，加之形成激励考核制度，有利于中国人民银行引导各商业银行盘活信贷存量、激

---

① "三农"和小微企业贷款达到一定比例是指：上年新增涉农贷款占全部新增贷款比例超过50%，且上年末涉农贷款余额占全部贷款余额比例超过30%；或者，上年新增小微贷款占全部新增贷款比例超过50%，且上年末小微贷款余额占全部贷款余额比例超过30%。满足6月定向降准标准的机构包括大约2/3的城市商业银行、80%以上的非县域农村商业银行、90%以上的非县域农村合作银行和数家股份制银行以及外资银行。

发信贷增量，在保证全国信贷规模合理增长的同时，最大限度地引导资金流向"三农"领域和中小微企业。

定向降准并非我国首创，在 2008 年全球金融危机以来，世界多个国家都采用了此机制来定向刺激产业发展，促进经济复苏。比如，欧盟央行通过多种货币政策手段和创新货币政策工具（定向长期再融资工具等）引导信道资金流向实体产业。中国人民银行积极借鉴国外经验并立足国内经济发展现状，2014 年先后两次实施定向降准政策，明显地体现了通过货币政策工具参与经济结构调整的大浪潮之中。但是，货币政策参与经济结构调整也存在些许固有的弊端，主要包括：一是经济结构调整以往产业政策、财政政策处于主导地位，手段相对丰富，更能切实解决产业发展中的问题，货币政策总量调整特性明显，结构性调整难度相对较大，更多的是处于辅助地位；二是定向降准的定向目标确定存在信用风险和道德风险，数据真实性有待检验，数据不准确可能会引导资金流向发生偏差，实际作用会减弱，影响定向降准的实施效果；三是经济增长和产业结构调整具有明显的内生性特征，从长期来看，经济结构的优化更依赖于市场制度改革和发挥市场作用，货币政策只是其中的参与因素之一。

2014 年，中国人民银行对货币政策工具的创新步伐并未到定向降准而停止，在 9 月又创造了中期借贷便利（Medium – term Lending Facility，MLF）。中期借贷便利与常备借贷便利具有某些异同之处，相同点都是中国人民银行为了提供中长期基础货币的工具，对象为符合条件的商业银行和政策性银行，但区别在于中期借贷便利的发放方式与常备借贷便利不同，中期借贷便利采用质押方式，标的物为中央票据、政策性金融债券及国债等。中期借贷便利首次使用，规模就相对比较大，2014 年 9 月中国人民银行以中期借贷便利形式向各类商业银行和政策性银行发放基础货币 5000 亿元，10 月发放 2596 亿元。中期借贷便利具有明显的优势：一是可以为各类商业银行和政策性银行提供流动性，尤其是在外汇占款渠道发展不畅的背景下有利于弥补流动性缺口；二是依据多种因素形成中期政策利率，有效降低商业银行利率和经济主体融资成本，促进产业发展。我国货币政策工具及金融危机后的创新见表 3 – 1。

表 3-1　　　　　我国货币政策工具及金融危机后的创新

货币政策工具	创新工具	作用	使用频率
存款准备金		调控基础货币，保证存款的支付和清算，影响金融机构信贷资金的供应能力，调控货币供应量	较常用
再贷款/再贴现		调控基础货币，促进结构调整、引导资金流向	较常用
	常备借贷便利	满足金融机构期限较长的大额流动性	相机使用
	抵押补充贷款	满足金融机构期限较长的大额流动性需求	较少用
	中期借贷便利	支持国民经济重点领域、支持国民经济薄弱环节、支持社会事业发展	较少用
公开市场操作		调控基础货币，调节市场流动性	日常操作工具
	短期流动性调节	调节市场短期资金供给	较少用

资料来源：作者根据公开资料整理。

五、我国货币政策工具演变的总结

综合前文对货币政策工具演变历程的阐述，可能得出以下几点结论。

第一，中国人民银行总会依据当前的经济发展状况以及需求来确定采取怎样的货币政策工具，或是同何种政策工具相联系。中国人民银行对于再贷款以及再贴现政策的使用数量正在慢慢变少，操作透明化逐渐转变为中国人民银行的标志。虽然这样，再贷款以及再贴现政策工具仍然被给予更多地调整经济构成的功能，市场操作灵活增强，提升了银行政策实施的主动性。中国人民银行在金融危机过后，增加了银行货币政策调控的工具，增强货币政策工具的作用。

第二，政策工具的变化是中国人民银行货币政策调控由被动转变成主动的主要表现方式。中国人民银行可以自主采用货币政策工具开展货币政策调控的时间并不是很久。2003—2012 年，近 10 年的时间内，中国人民银行调整存款准备金率高达 40 次。为应对外汇占款带来的货币扩张，中国人民银行亦由此创设了新的货币政策操作工具。但实际上，每一次新的操作方式的出现，基本上都是以前一种外汇占款冲销方式难以为继而逼迫出来的"创新"。2012 年 7 月，人民币开始由贬值预期转为升值走势，中国人民银行正在慢慢降低外汇市场干预力度、准许更多的人民币汇率由市场供求确定。更为重要的是，此举预示了中国人民银行正在对蒙代尔"三元悖论"政策组合框架重新选择，从注重"汇率稳定性"转倾向于更注重增强自身货币政策的独立性。

第三，货币政策工具由完全的总量政策开始向引导结构调整方向转变。持续提升货币政策的灵活性以及有效性。创新提供流动性货币政策工具以满足支持经济增长的合理流动性需求，为经济增长和结构调整提供稳定的货币信贷环境。为此，首先需要考虑流动性期限种类要比较丰富。流动性供给有一定的期限可以保证充分的灵活性，以及时应对资本流动易变性带来的冲击，同时通过自然到期收回流动性以平稳解决因货币政策传导时滞导致流动性过多的风险，起到"自动稳定器"的作用，还可以为形成中国人民银行政策利率创造条件。在流动性的期限安排中除预调微调银行体系流动性的短期操作外，应注重提供中长期的流动性供给以支持银行体系对实体经济的信贷投放。其次，考虑将流动性供给与金融机构信贷投放相联系以建立激励相容机制，引导金融机构加大国民经济重点领域、薄弱环节和社会事业信贷投放，发挥货币政策在促进结构调整方面的积极作用。最后，在提供流动性的过程中，为保障中国人民银行资产安全和防范金融机构道德风险，要严格把控抵押品的适用范围、评级和资质，保障抵押品的价值真实有效。

第二节　我国货币政策中介目标的演变

中国人民银行对货币政策中介目标的不同选择，即选择以货币供应量为代表的数量型中介目标，或者是选择以利率为代表的价格型中介目标，不同的中介目标是区别不同货币政策的主要因素。基于西方货币理论，中介目标的重要性体现在两个方面：一是货币政策具有滞后性和动态性，监管机构需要建立指标体系动态监控货币政策实施效果；二是货币政策制定者有道德风险，要加强对制定者的监督，通过设定名义锚来评判中国人民银行政策目标与实际效果是否一致。

第三章 我国货币政策演变及固定资产投资现状

一、传统数量型的中介目标

1994年以前，货币政策中介的目标角色是现金投放和信贷规模。改革开放以前，我国的资源配置主要依靠中国人民银行行政命令，依据中央政府制订的经济计划执行，货币政策作为中央经济计划的一部分，只要是贯彻落实好中央指令，服务中央大局，中国人民银行对货币政策自由裁量范围极其有限，加之中央经济计划实施效果基本达到预期，货币政策更多的是承担执行和辅助角色，受到中央政府统筹安排，自由变动空间很小。因此，在计划经济时期，货币政策中介目标作用非常有限，中央政府及中国人民银行并无对货币政策中介目标有过多考虑。改革开放以后，逐步提高市场在资源配置中的作用和地位，社会主义市场经济体制逐步建立，货币政策的重要性随之提升，中国人民银行在确定了作为中央银行的职责属性，货币政策体系框架逐渐形成。在市场经济体制中，货币政策是一国宏观经济政策的重要组成部分，在我国市场经济发展的过程中，经济环境和经济变量变动性逐渐增强，尤其是在1985年以后货币政策改革和演化日渐频繁，如何设置货币政策中介目标自然成了讨论的重要议题。货币政策中介目标的选择在此期间也随货币政策监管思维发生了多次转变，从最初的选择现金总量到广义货币供给量，后因中国人民银行对基础货币增减量控制力不足，又采用了信贷规模作为货币政策的中介目标。

货币政策中介目标的设定是一个动态选择的过程，受到货币政策强度、经济发展状况等因素的影响，不断变化。1998年，中国人民银行选择M1和M2作为货币政策调控变量，废除了信贷规模作为中介目标的选项，也意味着货币政策中介目标最终成型。M0、M1和M2是中国人民银行在1994年根据流动性划分的货币供应量层次指标。[①]

[①] M0即流通中现金；M1包括M0、企业活期存款机关团体部队活期存款，农村活期存款以及个人持有信用卡类存款；M2包括M1及城市居民储蓄存款、各种单位和个人的定期存款以及各类信托存款。

二、价格型的中介目标

中国人民银行为加速推进利率市场化进程，2007年在上海银行间正式推出了同业拆借利率（Shibor）。Shibor利率有利于丰富我国市场化利率形成和传导机制，不断培育货币市场基准利率。10年来，在有关各方的共同努力下，Shibor已经成长为我国认可度较高、应用较广泛的货币市场基准利率之一。首先，Shibor基准性明显提升，比较有效地反映了市场流动性松紧。短端Shibor与拆借、回购交易利率的相关性均在80%以上，并维持较窄价差，其中隔夜Shibor与隔夜拆借、回购交易利率的相关性高达98%；中长端Shibor得益于同业存单市场的发展壮大，基准性也有显著增加，"Shibor3M"与3个月同业存单发行利率的相关系数高达95%。其次，Shibor产品创新取得进展，应用范围不断扩大。目前，Shibor已被应用于货币、债券、衍生品等各个层次的金融产品定价，部分商业银行也依托Shibor建立了较完善的内部转移定价（FTP）机制，以Shibor为基准的定价模式在金融体系内已经较为普遍。最后，Shibor与实体经济联系日趋紧密，越来越多地发挥了传导货币政策和优化资源配置的作用。通过Shibor挂钩理财产品、Shibor浮息债、非金融企业参与的Shibor利率互换交易等渠道，Shibor较好地将货币政策信号传导至实体经济，并随着直接融资比重提升和多层次资本市场建立完善，进一步发挥优化资源配置的作用。

Shibor的创建和设立是借鉴了伦敦银行间同业拆借利率（Libor）的国际基准利率的形式。2012年以来，由于国际金融危机后无担保拆借市场规模有所下降以及部分报价行操纵Libor报价案件等原因，国际社会开始着手改革以Libor为代表的市场基准利率体系。2017年7月，英国金融行为管理局（FCA）宣布将从2021年起不再强制要求Libor报价行开展报价，届时Libor可能不复存在，未来英国将逐步转向基于实际交易数据的SONIA（英镑隔夜平均利率）作为英镑市场基准利率。另外一些国家和地区的中央银行（例如欧央行、日本央行）采取了更加中性、多元的做法：一方面研究引入基于实际交易数据的无风险利率，丰富市场基准利率体系，允许存在多个基准利率；另一方面改革Euribor、Tibor等基于报价的基准利率，引入瀑布法等混合方法，提高银行间拆借利率（IBOR）报价的可靠性和基准性。

比较而言，Shibor在报价和计算方法上与Libor类似，但在制度安排上更加注重与我国实际相结合，具有较为明显的特点：一是更加注重报价监督管理围绕全国银行间同业拆借中心（以下简称"交易中心"）等核心基础设施打造的统一击中的银行间市场，是我国相比于国际上其他场外市场的独特优势。在中国人民银行的指导下，交易中心作为Shibor指定发布人，充分发挥其优势，密切监测Shibor走势与报价情况，督促报价行提高报价质量。2013年为进一步加强对Shibor的监督管理工作，建立了市场利率定价自律机制，并在此机制下专设Shibor工作小组。二是始终强调报价成交义务。鼓励报价行以真实交易为定价基础，并引入报价考核机制，按年对报价行予以考核并施行优胜劣汰，有效发挥激励约束机制作用。三是不断拓展交易基础的支撑。2007—2016年，我国拆借市场交易量年均增幅达到28%。2013年推出同业存单以来，同业存单市场发展迅速，且均以Shibor作为定价基准。在我国金融市场不断向纵深发展，Shibor的交易基础得到不断夯实和拓展。四是报价形成机制持续优化。2012年，Shibor报价行由16家增加至18家并调整计算方式，由剔除最高、最低各2家报价调整为各剔除4家，进一步扩大了Shibor的代表性。同时，通过优化调整报价发布时间，使Shibor更好反映市场利率变化，增强其基准性和公信力。

Shibor是我国基准利率体系的重要组成部分。Shibor的培育与发展关系到进一步推进利率市场化改革，也关系到各层次金融市场体系建设。中国人民银行将组织自律机制和交易中心，认真总结Shibor运行10年来的经验，密切关注Libor等国际货币市场基准利率改革动向，不断培育和完善基准利率工作。一是加强Shibor报价行在市场自律方面的表率作用，引导报价行继续加强财务硬约束，根据实际交易、资金成本以及市场供求等因素合理定价。二是进一步完善报价和考核机制，使报价利率与交易利率更为紧密结合。三是继续开展Shibor产品创新，有序扩大其应用范围，加强市场建设，稳步提升Shibor代表性。四是进一步发挥好Shibor的货币市场基准利率作用，为货币政策传导和推动利率市场化改革创造有利条件。

三、创新型的中介目标

利率走廊是中国人民银行目前较为常用的创新型的货币政策中介目标。利率走廊是指中国人民银行向商业银行提供贷款时确定利率空间以形成和稳定银行间市场拆借利率。利率走廊相较于以往的货币政策中介目标具有重要的理论和现实意义：一是商业银行根据利率走廊对利率走势形成预期，减少商业银行因利率预期变化而对市场流动性产生影响，稳定商业银行预期的同时达到了稳定市场利率的功效；二是商业银行确定本行资金使用利率的重要指标就是对短期的利率预期，保持短期利率预期的稳定性有利于商业银行确定本行的利率行情；三是利率走廊作为货币政策的中介目标要保证市场预期和稳定性会极大增加利率波动的透明性，商业银行可以方便获取货币政策的相关走势对利率的影响信息，提高货币政策调控的及时性和有效性，有利于减少中国人民银行使用其他货币政策中介目标的频率，降低货币政策调控成本。

由于利率走廊机制是货币政策工具的一种新形式，在调控的中介目标上也不断发生演变。这主要体现在利率调控由原来的单一政策利率向利率的浮动区间的转变，这就更好地协调了利率目标和其他指标。此外，中国人民银行可以通过利率走廊机制影响资产价格，这为货币政策的调控增加了更多可能性，使货币政策调控更加适应当前经济形势不断变化的需求。

中国人民银行也正在探索研究常备借贷便利即 SFL 利率作为利率走廊的上限作用。2013 年，中国人民银行创造的旨在满足金融机构短期大额流动性需求和全国型商业银行需要的 SLF，与其他公开市场操作相比更加及时和准确地应对流动性变化。在短期利率波动控制上 SLF 更加具有优势，且更加有利于金融市场稳定。可以将超额准备金率作为利率走廊的下限。但由于当前超额准备金率不足 1%，同行之间市场隔夜拆借利率为 2% 左右，实际利率和走廊下限之间的宽度较大，可以参考其他国家经验设立隔夜存款便利作为过渡。

由于以上原因可以考虑选取创新性货币政策工具 SLF 和 MLF 作为中介目标。

第三节　货币政策传导机制的变迁

中国人民银行在以往传统的数量型货币政策指导下，主要是调节法定存款准备金控制市场货币规模，通过存贷款利率调节商业银行的信用扩张行为，此外辅之以存贷比考核、窗口指导等具有行政色彩的手段，实现对于货币供应量的管控，进而影响实体经济变量。另外，在2005年汇率改革之后，伴随着人民币汇率形成机制的不断市场化，利率的调整也会通过汇率渠道对实体经济变量产生一定影响。

数量型货币政策传导机制有三种：汇率途径、市场利率途径、货币供应量途径。

货币政策传导机制是指中国人民银行为实现货币政策调控目标而综合调度使用货币政策工具，实现从货币政策制定到货币政策调控目标实现的全过程，对货币政策目标实现和货币政策工具使用形成传导途径和作用机制。货币政策传导机制居于货币政策制定和目标实现的中间环节，是制定与目标的桥梁，传导机制是否通畅决定了货币政策目标与预期能否匹配、能否圆满完成货币政策目标，因此货币政策传导机制在货币政策研究中具有重要的作用。

我国货币政策对国民经济的影响分为以下几步：中国人民银行先根据国民经济发展状况、市场流动性、国外主要国家货币政策走势以及全球宏观经济情况制定我国货币政策目标，再从货币政策调整总目标分解到货币政策中介目标、操作目标，最后相机使用货币政策工具依次完成货币政策多层次的目标需求。其中，从货币政策目标到实现货币政策目标之间的影响机制和工具使用流程是货币政策的传导机制。我国的货币政策机制随着货币政策不断演化和完善也在与时俱进，从最初的直接传导和间接传导相结合的双重机制转向目前的以间接传导为主，减少货币政策调控的直接性和任意性。

一、传统体制下的直接传导机制

传统体制下的直接传导机制同计划经济相适应。国家在确立宏观目标时（如经济增长、国际收支均衡等），政府早已利用国民经济计划将货币供应量以及信贷规模以及此项指标的产业构成综合在一起。所以，中国人民银行的信贷计划和金融机构仅仅是国民经济计划和具体执行过程中的一小部分。中国人民银行的政策工具由信贷计划转向现金收支计划，其最终目的还是要为国家宏观经济计划服务，在这种货币政策机制下，主要是通过制定行政指令形式进行传达，经过指令性指标运行。其特殊之处在于：一是便于实施，作用效果反应快；二是信贷以及现金计划包含在实物分配计划内，中国人民银行无法实现经济的自主调控；三是因为中间变量的缺失，政策灵活性降低，政策的改变常常会引起经济发展的震荡；四是企业对于银行过分依赖，其本质上是属于资金供应方面的大锅饭。

二、改革开放以来的双重传导机制

从改革开放至1997年，货币政策直接传导逐渐变弱，而间接传导逐渐增强，但是依然具有双重传导特点，通过直接与间接共同传导两种机制来调控货币政策指标。

第一，使用货币政策工具对操作目标产生影响，包括同业拆解利率、基础货币以及备付金率等。限定贷款数量、信贷计划等属于直接货币传导机制，对中介目标贷款总量以及现金发放量产生直接影响。直接传导并不需要操作目标，只需月度、季度贷款时期操作目标。此环节主要是调节金融系统的贷款能力以及金融市场的融资成本。

第二，操作目标的改变对货币供应、市场利率以及信用总量存在一定影响。一是信用总量很难通过测量确定；二是我国采用利率管制，不具有市场利率形成的市场环境，中国人民银行一般只能依据金融、经济态势来调节利率。传导机制作用主要是通过金融组织以及市场、公司、居民依据金融条件的改变，根据上述主体回应，转变自身货币供给数量以及需求数量，以此对货币供应量的变化产生影响。

第三，终极目标受到货币供应量变化影响。在改革开放之初，货币转变为存款以及现金的过程较为透明，货币供应量主要通过贷款数量来体现，要守住货币供给就需要守住贷款。但是，现如今两者之间的联系不如当初那么紧密，只调控贷款很难实现对货币供应量的完全掌控，直接调控效果会变弱。但是，目前间接调控货币供应尚未形成较为完善的传导机制，所以只能采用直接与间接共用的方式来调节货币供应量。直接调控一般用来处理经济过热、通货膨胀等方面的问题拥有更优秀的调控效果，因此直接调控仍然在被使用，形成双重调控的局面，这也是其特殊之处。

在国内经济在高通胀之后的"软着陆"成功后，商业银行开始实施资产负债比例管理，各级政府防范金融危机的意识获得了极大提升，初步具备了废除贷款限额的条件。1998年，我国取消了商业银行的贷款限额，国内货币政策传导机制成功由双重传导转变为间接传导为主。

三、货币政策传导机制的间接调控阶段

1. 我国现行的是综合运用数量型和价格型工具的货币政策间接传导机制

完善的货币政策调控系统包含货币政策的传导体制、目标以及政策工具三个部分。当前，国内创建的是将间接调控作为主体的货币政策机制，也即：中国人民银行在国务院的指令下依法制定和实施货币政策；制定政策目标来保证币值稳定同时推动经济利益提升；运用公开市场操作、存款准备金率、利率、再贷款和再贴现等间接调控工具来达成货币政策目标。

首先需要厘清货币政策传导体制才有可能完善货币政策的调控。各国货币政策的传导机制随经济发展水平、金融结构差异、金融深化和开放程度等因素的不同而存在区别，但大都可以归纳为四层次、四环节和五渠道。从层次而言，货币政策的传导路径为政策工具→操作目标→中介目标→最终目标，从政策工具的选取和实施逐层递进，直至实现货币政策的最终目标，作用的发生机制是从低到高的。从环节而言，货币政策的传导方式是中国人民银行→货币市场→金融机构→企业（居民），作用传导机理是自上而下产生的。从渠道而言，主要采用信贷传导、利率传导、资产价格传导、汇率传导和预期传导五个渠道对货币以及资本市场和外汇金融市场产生影响作用，并最终影响实体经济，作用的发生机制是多管齐下的。

我国当前的货币政策传导机制框架与上述归纳基本一致，新中国成立以来随着经济、金融的发展，不管是中期目标还是终极目标，各时期的货

币政策工具都存在一定重大变化，主要分为三个时期：第一时期为改革开放初期1948—1979年，此时使用的货币政策工具有信贷现金计划、信贷政策等，主要采用直接调控的方式。但是，缺乏具体的操作目标，中介目标主要依据四个平衡思想：外汇、物资、信贷、财政互相统一平衡，最终实现经济发展水平的提高以及维持物价水平相对稳定。第二时期为1979—1997年，政策工具含有存款准备金、再贷款、再贴现、窗口指导等，操作目标由最初的贷款规模转变为基础货币，中介目标由最初的贷款规模转变为货币供应量以及贷款规模，最终目标也由最初的经济发展、物价稳定转为保证币值稳定、推动经济发展水平提升。第三时期为1998年以来的间接调控阶段，货币政策工具为存款准备金、信贷政策、再贴现、窗口指导等，操作目标在注重基础货币问题的同时投入更多的关注度在市场利率的变化，中介目标在注重货币供应量的同时关注贷款总量，其最终目标是保证币值稳定的同时实现经济水平的大幅度提升。

2. 我国货币政策传导机制具有鲜明的转轨特征

在1998年取消信贷限额管理后，我国开始以信贷总量来调节货币，至此进入货币政策的间接调控阶段。随着市场经济体制的逐步建立和微观经济主体、金融主体的地位增强与发展壮大，货币政策进一步转型，逐步采用了公开市场业务、存款准备金率、再贷款和利率等政策工具进行调控。近年来，随着利率市场化、金融多元化、人民币汇率形成机制改革等方面的大发展，间接调控的货币政策调控体系逐渐完善，并不断适应新的变化，创设常备借贷便利、中期借贷便利等一系列更加市场化的政策工具，并积极使用。以往主要依赖信贷渠道的货币政策传导机制早已悄然改变，资产价格、汇率、利率和预期渠道的传导作用更加突出，多管齐下的效果更加显著。

从我国目前的实际情况来看，我国尚处于转轨过程中，货币政策目标遭受市场经济构成不完善、经济发展不均衡、结构性格矛盾突出等因素的影响，调控体系比较复杂，数量型、价格型等多种方式都要发挥作用，货币传导机制还不够顺畅。随着市场经济体制改革、金融深化发展、金融不断创新与内外开放，货币的传导机制发生了明显的变化，传统的数量型调控效力被严重削弱，价格型调控地位明显上升。特别是利率市场化和金融多元化条件下，国内货币政策传导体制目前正处于数量型转为价格型的关键时期，货币政策传导机制的加快转型和顺利衔接势在必行、不容有失。

3. 利率市场化和金融多元化将进一步加速货币政策传导机制转型

经过 20 年左右的渐进式改革，利率市场化改革进入攻坚阶段，整个金融业态包括金融机构、市场等越来越多元化，以信托和银行理财为代表的影子银行快速发展，互联网金融公司如雨后春笋纷纷成立，存款分流趋势和金融脱媒现象逐渐加剧。加之我国正在进入全面深化改革的关键阶段，金融危机后的国际金融秩序进入重构阶段，金融风险积聚下监管进入宏观审慎新阶段，这一切都深刻改变着货币政策的传导机制。原有的以货币供应量为中介目标，以信贷传导为首要方式的传导体制早已无法科学、精确地达成货币政策的最终目标。

从中国人民银行→货币市场→金融机构→企业（居民）的货币政策传导环节来看，在利率市场化和金融多元化的影响和作用下，尽管内在逻辑没有改变，但链条中的各个环节正在发生着深刻的变化，货币市场和金融机构的变革首当其冲，企业的市场经济主体地位不断凸显，这些都大大改变了中国人民银行的政策传导。①就货币市场而言，同业拆借市场、票据市场、银行间债券市场规模日渐扩大，市场化程度不断提高。2007 年以来，Shibor 被当作基础利率系统，对于银行间同行业拆借市场地位的提升存在积极作用。国内银行债券市场发展迅速，市场参与数量持续增多，市场规范化持续增强，基础设置日益增多，交易规模不断扩大。票据市场也已成为我国银行间市场的重要组成部分，业务不断增加，流通转让更加频繁。②就金融机构而言，银行业一家独大的局面已改变，证券、保险、基金、信托公司的发展迅猛。金融市场改革持续深入。公司管理进一步完善，民营资本在金融机构的比例不断上升，自主定价和风险管控能力不断提升。同时，银行同业业务、表外业务持续增长，信托、理财业务加速发展，风险隐患不容忽视。证券期货公司稳步增长，业务进一步多元化，基金公司创新发展成效明显，机构投资者类型有所增加。保险机构的数量和种类也不断增加，网络销售渠道大力拓展，市场化改革积极推进，投资范围进一步拓宽。③就企业和消费者主体而言，市场在资源分配中的作用更加明显。企业公平竞争、自主运营，用户消费自由、选择自由、商品流通自由、平等互换的体系正在建成。企业融资渠道趋于多元化，对价格敏感性提高，对市场反应更加迅速。上述三个环节的深刻变革，对中国人民银行的货币政策调控水平和工具选择都提出了更高的要求。

从政策工具→操作目标→中介目标→最终目标的货币政策传导层次来看，在利率市场化和金融多元化的影响和作用下，政策工具的选择更为多样和市场化；基础货币与货币乘数的可控性减弱使操作目标失准；货币供应量的可测性、可控性及与经济的稳定相关性不断下降，与利率目标之间关系日趋复杂、相互牵制，致其中介目标的作用暴露出失效的迹象。以上变化大大影响了最终目标的实现，数量型调控效力严重削弱，价格型调控地位明显上升，货币政策传导机制面临重大变革。

从信贷、利率、资产价格、汇率和预期的货币政策传导渠道来看，在利率市场化和金融多元化的影响和作用下，信贷渠道传导效果被弱化，利率与资产负债渠道的传导作用增强。此外，中国人民银行放出的信号可信性持续提升，中国人民银行的主导地位也逐渐稳固，预想渠道流通顺利。汇率改革的持续深入，汇率渠道在更深层次也进行了优化处理，货币政策传导体制终于迎来了一次深入转型。

第四节　我国固定资产投资的现状

一、我国产业固定资产投资现状分析

依据我国国民经济行业构成（GB/T4754-2011）指标，对我国3个产业做行业划分，其中，拥有固定资产投资的行业总共有66个，参照2007—2016年共计11年的投资额增长率从高至低的顺序表，第二产业中选取投资额增长最快的前10名企业。

本书采用的是复合增长率，之所以采用年复合增长率，但是不使用年

增长率,从一个行业的发展周期看来,一年是相对比较短的时间,当行业处于成长阶段或者爆发阶段,年度数据变化极大,但是假如用复合增长率衡量,更能体现此行业的发展潜力。

投资增速最快的行业是租赁和商务服务业,其次是批发和零售业,科学研究、技术服务和地质勘查业等固定资产投资的年复合增长率在25%以上(见表3-2)。而制造业、房地产业和建筑业的年复合增长率仅为20%左右,这说明2003—2016年,第三产业固定资产投资增长迅速,累积的生产能力增长逐渐超过第三产业。同时,从不同行业增长的速度来看,投资增速较快的行业正处在我国产业结构升级优化的过程中,水利、环境和公共设施管理业与卫生、社会保障和社会福利业等第三产业的投资增速较快,说明随着我国城镇化进程的加快,近年基础设施建设投入水平不断提高。

表3-2　　2003—2016年行业固定资产投资额年度复合增长率

行业	年复合增长率(%)	行业	年复合增长率(%)
农、林、牧、渔业	23.18	房地产业	20.11
采矿业	14.49	租赁和商务服务业	30.81
制造业	21.66	科学研究、技术服务和地质勘查业	25.66
电力、燃气及水的生产和供应业	16.77	水利、环境和公共设施管理业	23.6
建筑业	13.16	居民服务和其他服务业	20.57
交通运输、仓储和邮政业	17.96	教育	14.14
信息传输计算机服务和软件业	10.83	卫生、社会保障和社会福利	23.45
批发和零售业	25.76	文化、体育和娱乐业	22.99
住宿和餐饮业	22.59	公共管理和社会组织	10.81
金融业	22.86	国际组织	

数据来源:国家统计局。

从各行业固定资产投资额占全社会固定资产投资总额的比重来看,制造业占全社会固定资产投资总额的比重最高为30.99%(见表3-3),其次是房地产业,其占全社会固定资产投资总额的比重为23.47%,说明制造业和房地产业依然是固定资产投资最重要的组成部分。排名最后的是与城市建设相关的水利、环境和公共设施管理业以及交通运输、仓储和邮政业等第三产业。

表 3-3　2016 年各行业固定资产投资额占全社会投资总额的比重

行业	占比（%）	行业	占比（%）
农、林、牧、渔业	4.09	房地产业	23.47
采矿业	1.70	租赁和商务服务业	2.03
制造业	30.99	科学研究、技术服务和地质勘查业	0.91
电力、燃气及水的生产和供应业	4.9	水利、环境和公共设施管理业	11.31
建筑业	0.76	居民服务和其他服务业	0.45
交通运输、仓储和邮政业	8.88	教育	1.53
信息传输计算机服务和软件业	1.04	卫生、社会保障和社会福利业	1.03
批发和零售业	2.99	文化、体育和娱乐业	1.29
住宿和餐饮业	0.985	公共管理和社会组织	1.35
金融业	0.21	国际组织	

数据来源：国家统计局。

从行业固定资产投资额年度复合增长率和各行业固定资产投资额占全社会投资总额的比重可以看出，虽然租赁和商务服务业、科学研究、技术服务和地质勘查业等第三产业固定资产投资增速较高，但是投资占全社会投资总额的比重较低，说明行业固定资产投资本身存在着结构不均衡的问题，资金并没有流入我国产业结构的重点行业。

二、我国区域固定投资现状分析

我国的区域划分有不同的方式，也在不断的改变，从三大区域到四大经济板块，后来有的学者还将区域划分为八大板块。为了避免存在研究的争议，本书将按照省级行政区的划分方法研究区域固定资产投资的现状，本书使用了 2010—2016 年的 31 个省级行政区的年度数据，如表 3-4 所示。

表 3-4　　2010—2016 年 31 个省份固定资产投资　　单位：亿元

地区	2010 年	2011 年	2012 年	2013 年	2014 年	2015 年	2016 年
北京	5402.95	5578.93	6112.40	6847.06	6924.23	7495.99	7943.89
天津	6278.09	7067.67	7934.80	9130.25	10518.19	11831.99	12779.39
河北	15083.35	16389.33	19661.30	23194.23	26671.92	29448.27	31750.02
山西	6063.17	7073.06	8863.30	11031.89	12354.53	14074.15	14197.98

续表

地区	2010年	2011年	2012年	2013年	2014年	2015年	2016年
内蒙古	8926.46	10365.17	11875.70	14217.38	17591.83	13702.22	15080.01
辽宁	16043.03	17726.29	21836.30	25107.66	24730.80	17917.89	6692.25
吉林	7870.38	7441.71	9511.50	9979.26	11339.62	12705.29	13923.20
黑龙江	6812.56	7475.38	9694.70	11453.08	9828.99	10182.95	10648.35
上海	5108.90	4962.07	5117.60	5647.79	6016.43	6352.70	6755.88
江苏	23184.28	26692.62	30854.20	36373.32	41938.62	46246.87	49663.21
浙江	12376.04	14185.28	17649.40	20782.11	24262.77	27323.32	30276.07
安徽	11542.94	12455.69	15425.80	18621.90	21875.58	24385.97	27033.38
福建	8199.12	9910.89	12439.90	15327.44	18177.86	21301.38	23237.35
江西	8772.27	9087.60	10774.20	12850.25	15079.26	17388.13	19694.21
山东	23280.52	26749.68	31256.00	36789.07	42495.55	48312.44	53322.94
河南	16585.86	17768.95	21450.00	26087.46	30782.17	35660.35	40415.09
湖北	10262.70	12557.34	15578.30	19307.33	22915.30	26563.90	30011.65
湖南	9663.58	11880.92	14523.30	17841.40	21242.92	25045.08	28353.33
广东	15623.70	17069.20	18751.50	22308.39	26293.93	30343.03	33303.64
广西	7057.56	7990.66	9808.60	11907.67	13843.22	16227.78	18236.78
海南	1317.04	1657.23	2145.40	2697.93	3112.23	3451.22	3890.45
重庆	6688.91	7473.38	8736.20	10435.24	12285.42	14353.24	16048.10
四川	13116.72	14222.22	17040.00	20326.11	23318.57	25525.90	28811.95
贵州	3104.92	4235.92	5717.80	7373.60	9025.75	10945.54	13204.00
云南	5528.71	6191.00	7831.10	9968.30	11498.53	13500.62	16119.40
西藏	462.67	516.31	670.50	876.00	1069.23	1295.68	1596.05
陕西	7963.67	9431.08	12044.50	14884.15	17191.92	18582.24	20825.25
甘肃	3158.34	3965.79	5145.00	6527.94	7884.13	8754.23	9663.99
青海	1016.87	1435.58	1883.40	2361.09	2861.23	3210.63	3528.05
宁夏	1444.16	1644.74	2096.90	2651.14	3173.79	3505.45	3794.25
新疆	3423.24	4632.14	6158.80	7732.30	9447.74	10813.03	10287.53

数据来源：国家统计局。

从表3-4可以看出，2010—2016年，除辽宁的固定资产投资从2015年开始出现下降趋势外，其他的全国30个省、直辖市、自治区的固定资产投资都是逐年上升，2015 年和 2016 年，辽宁固定资产投资分别同比下跌 27.8% 和 63.5%，固定资产投资规模从 2014 年的 2.47 万亿元下降至 2016 年的 0.67 万亿元，减少约七成。而辽宁固定资产投资大幅下跌也对全国固定资产数据产生拖累作用，例如 2016 年 5 月，全国固定资产投资当月同比增长 7.4%，而不考虑辽宁的全国固定资产投资同比增长 11.7%，辽宁拉低全国当月投资增速 4.3 个百分点。这种由于数据调整对全国数据产生的明显扰动也在当时被称作"辽宁效应"。

从表 3-4 可以看出，2010—2016 年山东和江苏的固定资产投资一直高居全国固定资产投资的前两位，而青海的固定资产投资在 31 个省、直辖市、自治区中一直居于末位。固定资产投资额与区域经济的发展是有关系的，由于我国区域经济发展条件的不同，地区经济发展存在着较大的差异，固定资产投资同样表现出明显的区域差异特征。选取 31 个省、直辖市、自治区的固定资产投资数据，进一步进行省际差异分析，分析投资在各省之间的差异和固定资产投资的变化规律，以及固定资产投资的区域分布变化情况。

首先，分析我国 31 个省、直辖市、自治区的固定资产投资规模、增速的变化规律（见表 3-5）。我国各省份固定资产投资变化趋势与总体上全社会固定资产投资变化趋势是相似的。据此分析我国省际固定资产投资的共性和差异表现。按 2002—2007 年、2008—2013 年和 2014—2016 年这 3 个阶段来分析。

表 3-5　　各地区固定资产投资占全国比重情况

2002 年		2008 年		2014 年		2016 年	
省、直辖市、自治区	比重（%）	省、直辖市、自治区	比重（%）	省、直辖市、自治区	比重（%）	省、直辖市、自治区	比重（%）
广东	9.1	山东	9.1	山东	8.4	山东	8.8
山东	8.1	江苏	9.0	江苏	8.3	江苏	8.2
浙江	8.0	广东	6.6	河南	6.1	河南	6.7
江苏	7.9	河南	6.2	河北	5.3	广东	5.49
上海	5.1	辽宁	5.9	广东	5.1	河北	5.2
河北	4.8	浙江	5.5	辽宁	4.9	浙江	4.99
四川	4.4	河北	5.2	浙江	4.7	湖北	4.94
河南	4.2	四川	4.2	四川	4.7	四川	4.75

续表

2002年		2008年		2014年		2016年	
省、直辖市、自治区	比重(%)	省、直辖市、自治区	比重(%)	省、直辖市、自治区	比重(%)	省、直辖市、自治区	比重(%)
北京	4.2	安徽	4	湖北	4.5	湖南	4.67
湖北	3.7	湖北	3.4	安徽	4.3	安徽	4.45
辽宁	3.7	湖南	3.3	湖南	4.2	福建	3.83
湖南	3.1	内蒙古	3.3	福建	3.7	陕西	3.43
福建	2.9	福建	3.1	陕西	3.7	江西	3.24
安徽	2.6	吉林	3	江西	3	广西	3
黑龙江	2.4	陕西	2.9	广西	2.7	云南	2.65
重庆	2.3	上海	2.8	重庆	2.6	重庆	2.64
陕西	2.2	江西	2.6	山西	2.5	内蒙古	2.48
江西	2	重庆	2.4	内蒙古	2.4	山西	2.34
山西	1.9	北京	2.3	吉林	2.3	吉林	2.29
广西	1.9	广西	2.2	天津	2.3	贵州	2.17
云南	1.9	山西	2.1	吉林	2.3	天津	2.1
天津	1.9	黑龙江	2.1	黑龙江	2	黑龙江	1.75
新疆	1.9	天津	2	新疆	1.9	新疆	1.69
吉林	1.9	云南	2	贵州	1.7	甘肃	1.59
内蒙古	1.6	新疆	1.3	北京	1.5	北京	1.3
贵州	1.5	贵州	1.1	甘肃	1.5	上海	1.1
甘肃	1.3	甘肃	1	上海	1.2	辽宁	1.1
青海	0.6	宁夏	0.5	宁夏	0.6	海南	0.64
宁夏	0.5	海南	0.4	海南	0.6	宁夏	0.62
海南	0.5	青海	0.3	青海	0.6	青海	0.58
西藏	0.23	西藏	0.15	西藏	0.2	西藏	0.26

数据来源：《中国统计年鉴》。

阶段一：2002—2007年，这段时期，我国各省份固定资产投资增速较快。由于我国加入WTO，各省的投资规模大幅度增加，特别是一些东部沿海省市（如上海、江苏、山东等地），其中上海的占比是最少的，只有5.1%，从各个省市的投资详情来看，根据统计数据显示，江苏固定资产投资总额达到244.3亿元，山东固定资产投资总额达到348.303亿元，上海固定资产投资总额为90.5亿元。除此以外，随着我国西部大开发战略的实施，国家在西部的固定资产投资逐渐增加，在陕西和重庆分别投资将近995.7亿元和974.5亿元，其固定资产增长率与之前相比增长了22%和24%。因此，这两个地方的固定资产总额在整个社会总体固体资产中占比进一步增加。另外，青海、甘肃等地，虽然国家加大了这些地区的投资，但是因为其本身发展条件的限制，从表面上这些地区固定资产总额增长很快，但实际上占比仍较少。与之相对比的是东北地区，在2002年出现了严重的资金流失的情况，黑龙江、吉林、辽宁三省的固定资产投资占比下降明显，随着固定资产投资的下降，东北地区的经济增速也不断下滑。对此，《关于实施东北地区等老工业基地振兴战略的若干意见》的发布代表着我国对东北老工业区的振兴开始重视。而且，在之后的一段时间内，我国东北老工业区接收到的固定资产投资也是越来越多，包括电力、交通、通信和为加强地区生态建设和环境保护等方面的基础设施，2004年东北三省固定资产投资额大幅增加，辽宁省的增速达到44%，其他两省的固定资产增长速度也在20%以上。除东北三省外，全国的固定资产投资热情高涨，固定资产投资增长迅速，为了防止投资过热，政府制定了相关政策来约束各省各城市的高速增长的固定资产投资。

阶段二：2008—2013年的全球金融危机，不仅使我国经济发展受到严重的影响，而且世界上大部分国家的经济增长停滞不前。在这种情势下，我国政府制定了一系列财政和货币政策来推动着全国各省份的固定资产投资增长。例如，天津在当时依旧保持着42.5%的高速增长，除此之外，吉林、黑龙江等地也保持着38%和27.6%的较高速的增长。与之相比，当时国内的一些一线城市的固定资产投资的数量却在不断下降，与金融危机之前相差甚大。而金融危机过后，从2012年开始，我国整体的固定资产投资重心逐渐偏向了中西部地区，东部地区所占的比例不断减少。

阶段三：2014—2016年，我国经济进入新常态，固定资产投资的增速也开始放缓。2014年，我国东部发达的省市固定资产投资比重总体相对比较大，占全国固定资产投资总量的1/3左右。以此来看，我国固定资产投资重心又回到了东部地区,但是对于中部地区来说,依旧保持增长态势,相比之下,西部地区的固定投资现状不容乐观,增速呈现不断下降趋势。例如,辽宁等地的经济增长速度在我国所有省份中居于靠后位置,2016年辽宁的固定资产投资占全社会固定资产投资的比重不出意外地出现了"断崖式"下滑。

其次,分析各个省份投资率的差异情况。通过各省份固定资产投资占各省GDP的比重,可以深入了解各个省份之间投资率和投资额差距(见表3-6)。投资率的高低代表着我国资金通过投资渠道流出量,用于经济生产建设的资金流入量。根据各个省份固定资产投资的情况,我国各省投资率水平存在较大的差异,可以通过几个阶段来划分。

表3-6　　　　　　　　各地区投资率排名

2002—2007年		2008—2012年		2013—2016年	
省、直辖市、自治区	投资率排名(%)	省、直辖市、自治区	投资率排名(%)	省、直辖市、自治区	投资率排名(%)
黑龙江	30	广东	32	上海	25.7
福建	30.3	上海	33.5	北京	34.9
广东	30.7	北京	38.9	广东	35
河南	34	浙江	45.6	浙江	51.8
湖南	34.5	黑龙江	48.9	江苏	59.3
广西	35.8	福建	49	山东	65.1
河北	37	海南	50.6	福建	66.9
安徽	37.1	江苏	50.8	天津	67.1
辽宁	38	湖南	51.4	黑龙江	68.8
吉林	38	山东	52.9	湖南	69.3
海南	38.7	天津	53.7	湖北	74
上海	38.8	山西	54.9	四川	74.8
湖北	39.1	贵州	54.9	内蒙古	76.8
山西	39.1	湖北	55.5	河南	77
天津	39.3	甘肃	57.2	广西	77.2
江苏	39.6	新疆	57.8	吉林	77.5
云南	40.9	广西	58.3	河北	78.4
北京	41.8	河北	59.7	海南	79.1

续表

2002—2007年		2008—2012年		2013—2016年	
省、直辖市、自治区	投资率排名（%）	省、直辖市、自治区	投资率排名（%）	省、直辖市、自治区	投资率排名（%）
四川	42.7	河南	60.2	云南	80.1
山东	42.8	云南	64.9	山西	80.5
江西	44.1	四川	65.6	重庆	82.5
甘肃	45.7	青海	67.3	贵州	86.2
浙江	47.4	陕西	70.4	辽宁	86.7
内蒙古	49	江西	70.9	江西	86.7
陕西	50	内蒙古	71.5	新疆	87.9
贵州	50.7	重庆	73.2	陕西	90.9
新疆	50.7	辽宁	73.8	安徽	93
重庆	53.2	宁夏	75.9	宁夏	96.6
宁夏	66.8	安徽	77.8	甘肃	96.9
青海	68.2	吉林	78.4	青海	106
西藏				西藏	

数据来源：《中国统计年鉴》。

2002—2007年，从全国固定资产投资率占比来看，西部地区名列前茅，主要是得益于西部大开发战略的实施，整体实现了大规模提升。除此之外，我国加入世界贸易组织，极大提高了我国各省份的投资热情，在各省份固定资产投资增长速度上均有体现。尤其是东北地区的固定资产投资有了明显变化，吉林和辽宁两省的固定资产投资率增加了近10%，而东部地区的固定资产投资率并没有明显变化，基本上是维持不变。

2008—2012年，我国的各省份固定资产投资情况再次发生变化。全球金融危机的出现导致东部地区总体固定资产投资率开始下降。由于北京、上海、广东和浙江等省市经济开放性相对较强，它们受到的消极影响最为明显。而西部地区固定资产投资大都是国内支持的，所以经济危机对它们影响微乎其微，依旧保持高速增长，中部地区的投资率不断提高（尤其是安徽）。

2013—2016年，随着我国经济进入新常态，我国各地区的投资率差异不断扩大，欠发达地区，尤其是政府主导型的固定资产投资不断增加，青海、西藏、甘肃、宁夏的投资率已经接近了100%。新常态下东西部投资率差距比较大,最高与最低的投资率相差了近80%,经济总量大省的投资率比较低。宏观经济政策应该是越发达的地区发挥得越充分,比如东部地区的金融机构比较发达,如果货币政策的传导机制比较通畅,我国的投资空间还可以进一步扩展,而且需要根据各地区的发展情况和固定资产投资回报率来看,可以衡量固定资产投资成本收益,并可判断是否存在过度投资的现象。

三、我国企业固定资产投资的现状

国有经济、有限责任经济、联营经济、个体经济、外商投资经济、股份制经济和私营企业经济以及港澳台商投资经济都是属于投资主体结构中的各种投资种类。从企业固定资产投资情况来看,其中占比最多的就是股份有限公司、私营企业和国有企业以及有限责任企业。

表3-7 2006—2016年全国各经济类型固定资产投资及其发展情况 单位:亿元

指标	2006年	2007年	2008年	2009年	2010年	2011年	2012年	2013年	2014年	2015年	2016年
内资	2786	3290	3381	4176	500	5063	5625	6084	6331	6961	7303
国有	829.6	1014	1019	1546	1253	1274	1444	1775	1579	1631	1422
集体	66.22	82	66.69	68.12	105	90.41	83.59	117.4	131.2	126.0	61.69
股份合作	7.27	6.07	8.93	11.48	6.5	4.87	8.54	6.22	10.99	2.79	1.68
联营	10.49	6.05	13.3	3.69	1.8	1.44	1.24	2.29	2.25	2.22	0.11
有限	1520	1761	1727	2117	2919	3229	3406	3520	3930	4381	5117
股份有限	162.5	183.7	288.6	146.5	388	189.8	401.0	336.7	290.8	191.8	251.6
私营	152.7	198.8	213.9	216.3	255	188.5	197.4	249.1	311.7	513.7	370.7
个体	20.03	24.1	23.01	44.23	53.1	59.18	47.51	49.75	50.79	50.32	55.2
其他	16.34	13.8	19.41	22.39	25.6	25.97	34.78	27.03	23.41	61.02	22.08
港澳台地区	187.2	236.4	160.3	174.9	155	252.7	198.1	451.4	373.1	210.5	337.7
外商	323.1	380.4	273.4	265.4	237	262.7	288.9	311.5	220.1	324.2	303.1

数据来源:国家统计局。

由表3-7可以看出,集体企业、股份合作企业、联营企业的固定资产投资规模都相对比较小,基本都处于投资较低水平,个体、港澳台商、外商投资的全社会固定资产投资的增加幅度比较小，这说明随着我国的经济增长，我国的投资主体已经从依靠集体企业、外商投资企业、港澳台投资的主体模式中转换出来了，因而这些成为固定资产投资的边缘角色。国有企业固定资产投资从 2006 年的 3.3 万亿元增加到 2016 年的 12.9 万亿元，增加了 4 倍，从 2006 年开始我国有限责任企业的固定资产投资由之前的 0.82 万亿元增长到 2.3 万亿元，同时私营企业也在不断的增长，其增长的速度是有限责任企业的 4 倍，直到 2016 年，其固定资产投资已经达到了 16 万亿元，从以上数据可以表明，我国的固定资产的投资主要是来源于以上的四种企业。

从现在我国各企业类型的固定资产投资的方式来看，投资主体逐渐向多元化方向发展。从各类型企业占比来看，国有企业份额最大，约占总资产的 1/3 左右，股份有限企业的固定资产投资率只有不到一成，有限责任企业的固定资产投资约两成，私营企业固定资产占比也将近两成，而其他企业固定资产投资占比约两成。这种情况在 2016 年发生了些许变化。国有企业和有限责任企业投资的比重没有太大变化，但是国有企业的占比却在下降，私营企业的占比上升了差不多 12%，相比较而言，其他企业的投资占比进一步降低，降低了将近 6%。从上述变化来看，国有企业的固定资产投资占比在逐年下降，虽然下降的速度很慢，私营企业的固定资产投资在逐年增长，但是处于主导地位的依旧是国有企业，这在短时间内难以改变，这也就形成了我国独特的多元化固定资产投资格局。

第四章

多种货币政策工具对全社会投资的影响

第一节 问题的提出

目前衡量我国整体宏观经济运行的主要指标有三类：经济增长类指标、货币供给类指标和通货膨胀类指标。常用的经济增长类衡量指标是 GDP，但是本书拟用固定资产投资作为衡量经济增长类的指标。2021 年我国固定资产投资累计发生额为 55.28 万亿元，GDP 的累计发生额为 113.88 万亿元，固定资产投资已经占 GDP 的 48.54%，我国固定资产投资规模较大，与我国的经济发展模式是有关的。改革开放以来，我国经济的运行模式分两个阶段：2008 年之前的外贸驱动模式，2008 年之后的投资驱动模式。投资拉动型经济需要货币政策宽松的配合，这就涉及宏观经济运行的第二类指标（即货币供给类指标）。货币供给类指标的主要作用：一是经济增长，二是物价稳定即通货膨胀类指标。为了配合投资拉动型的经济增长，宽松的货币政策产生的流动性，监管和制度的问题导致资金大部分流入了金融市场和房地产市场，导致资产价格的上涨和资金脱实向虚的加剧。已有的文献中有大量的文章研究货币政策与资产价格波动的关系，而较少文献研究货币政策与固定资产投资的关系。

尤其是经济进入高质量发展阶段以来，我国宏观环境发生了重大的变化，根据各产业的资金需求情况来说，传统产业在经过 30 年的不断发展之后，慢慢处于饱和的状态，随着传统产业的饱和，出现了大量的新兴产业，新技术、新产品、新模式等新时代的投资使投资方式不得不随之更新，为了让投资继续推动着经济的发展，就必须看好投资的方向，掌握投资的动态。另外，为了更好调配资源和进行宏观调控，就必须掌握好新的供求关系，之后进行科学的宏观调控，因为之前的各种政策所带来的作用已经不能够满足新时代投资的要求了。

因此，笼统地探讨调控体制机制是一项宏大的命题，往往会陷入无意义的争辩中，高质量发展阶段下货币政策的操作环境发生了明显的变化，既有传统的数量型货币政策工具和价格型货币政策工具，并不断尝试创新型的货币政策工具（比如短期流动性调节工具 SLO、常备借贷便利 SLF、中期借贷便利 MLF 和抵押补充贷款 PSL 等）。新型货币政策工具的加入是否影响了之前传统的货币政策工具的效应？多种货币政策工具组合对固定资产投资的效应是怎样的？三种货币政策工具组合中的各个货币政策工具的影响程度又是怎样的？针对上述三个问题，本书将提出系统的回答，因此探讨新形势下多种货币政策工具与固定资产投资的关系具有现实需求和重要的意义。

第二节 多种货币政策工具与固定资产投资的关系描述

一、传统数量型货币政策工具与固定资产投资的关系

传统数量型的货币政策一般用货币供给量 M0、M1 和 M2 来代表。M1 代表消费和市场的活跃度，M2 代表投资和中间市场活跃。M2 过高而 M1 过低，表明投资过热、需求不旺；M1 过高而 M2 过低，表明需求强劲、投资不足。

由图 4-1 可以看出，M0 与固定资产投资的关系不大，且从 1991—2016 年，M0 从 3178 亿元增长到 68304 亿元，M1 从 8633 亿元增长到 486557 亿元，M2 从 19350 亿元增长到 1550067 亿元。根据增长速度来看，M0 与固定资产投资的关系不大，跟 M1 和 M2 的增长速度关系比较大。2009 年开始，M1 和 M2 的增长速度骤然提升，环比增长率分别达到 33.3% 和 28.4%，而此时固定资产投资的环比增长率也达到最高值为 29.9%（见图 4-2）。从固定资产投资的增长率来看，1992—1994 年，固定资产投资增长率出现飞速的提高，甚至在 1993 年固定资产投资环比增长率到达了 61.8%。2003—2010 年，固定资产投资一直维持在 23% 以上的增长速度，而 2011 年固定资产投资增长率开始出现急速下滑，环比增长率将为 11.9%，2012 年、2013 年固定资产投资增长率又有了回升迹象，分别为 20.2% 和 19.1%。

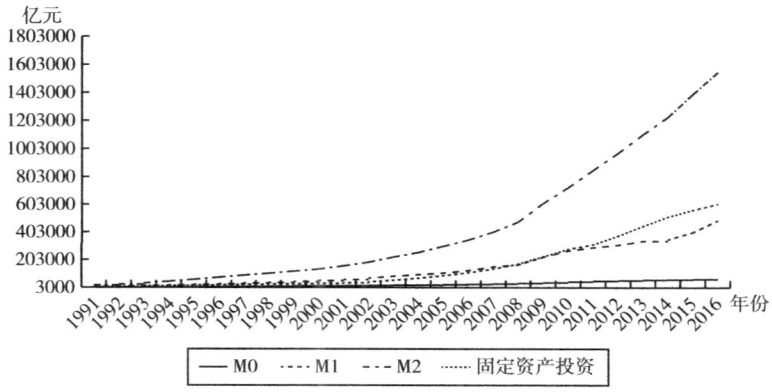

图 4-1　M0、M1、M2 与固定资产投资的关系

数据来源：国家统计局。

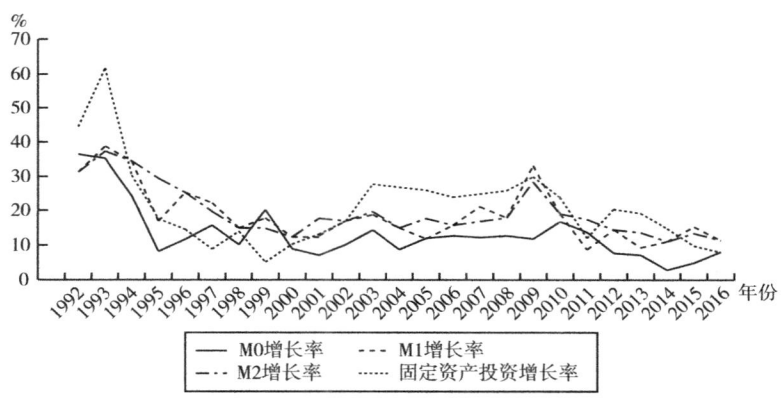

图 4-2　M0、M1、M2 与固定资产投资的增长率比较

数据来源：国家统计局。

由图 4-3 可以看出，1991 年 M2 与 M1 之差为 10717 亿元，之后缓慢增长，从 2008 年开始，M2 与 M1 之差为 308949.47 亿元，M2 与 M1 之差迅速扩大，到 2016 年 M2 与 M1 之差已经扩大到 1063510 亿元。1991 年固定资产投资 5594.5 亿元，之后固定资产投资缓慢增长，2008 年固定资产投资为 172828.4 亿元，之后固定资产投资迅速增长，到 2016 年固定资产投资为 606465.7 亿元。但是从增长速度来看，1991—1994 年固定资产投资增长率高于 M2 - M1 增长率，1994—2002 年固定资产投资增长率低于 M2 - M1 增长率，2002—2010 年固定资产投资增长率高于 M2 - M1 增长率，除 2011—

2012年固定资产投资增长率上升之外，2013—2016年两者增长率一直在下降，且两者增长率基本一致。

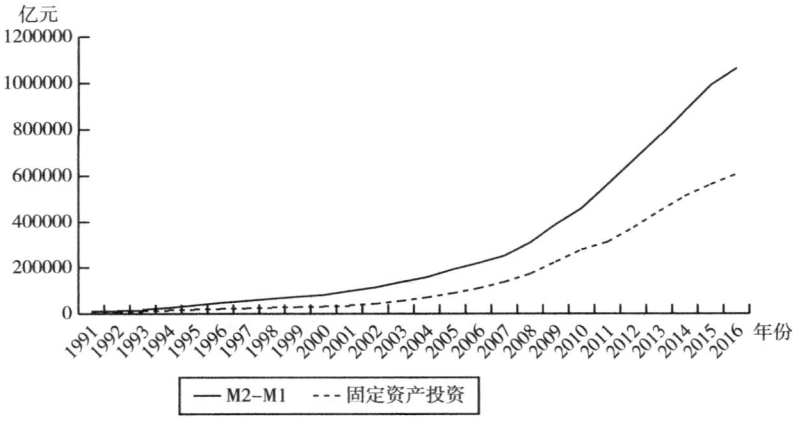

图 4－3　M2－M1 与固定资产投资的关系

数据来源：国家统计局。

由图 4－4 可知，固定资产投资增长速度要低于 M2 与 M1 剪刀差扩大的速度。从 2009 年开始，固定资产投资增长率在急速下滑，2009 年固定资产投资增长率为 29.9%，到 2016 年固定资产投资增长率为 7.9%。M2 与 M1 的剪刀差再扩大，而固定资产投资增长率却在下降，这便引出了一个关键

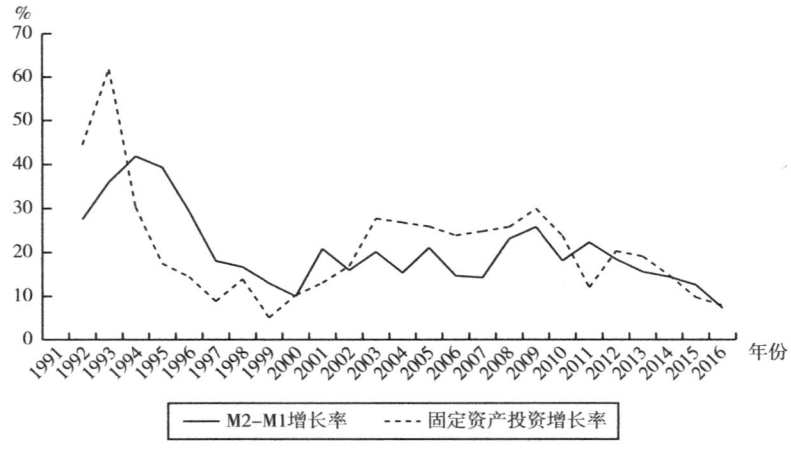

图 4－4　M2－M1 增长率与固定资产投资增长率的关系

数据来源：国家统计局。

问题即流动性陷阱。当前企业持有资金,但是资金没有找到合适的投资渠道,制造业投资也在 2016 年出现"断崖式"的下滑,尤其是 2016 年第三季度,制造业固定资产投资增长率在 3% 左右浮动,达到了历史最低水平。

从上述描述性统计的角度分析,M0 与固定资产投资的关系不大,M1 与 M2 与固定资产投资具有同向的相关关系:2009 年之前 M2 与 M1 的剪刀差与固定资产投资增长率具有正向的关系;2009 年之后 M2 与 M1 的剪刀差与固定资产投资增长率具有反向的关系,即 M2 与 M1 的剪刀差在扩大,固定资产投资增长率在下降。

众所周知,当前我国经济处于高质量发展阶段,经济下行压力大,M2 与 M1 剪刀差的扩大与固定资产投资的下滑,主要有以下几个原因。第一,由于经济下行压力大,企业找不到合适的投资机会,虽然人民银行屡次降准降息,但是企业的投资意愿依然不高,制造业和民间投资的增速一直处于疲软状态。第二,持有活期存款的机会成本不断降低。近年来市场利率较低,理财类产品的收益也在下降,并且违约概率在上升,因此企业更倾向于持有活期存款。第三,地方政府债务的置换过程存在一定的时间差。地方政府即使获取了资金也不一定会立刻将资金归还给银行,公共部门将获得的资金暂时放在企业或事业单位的具体账户上。

二、价格型货币政策工具与固定资产投资的关系

随着我国存款利率上限的逐渐放开和存款保险制度的逐渐建立,我国的货币政策工具逐渐由数量型的向价格型的转变,再加上我国利率走廊的框架逐渐建立起来,也为我国货币政策工具的转变提供了必要的助力,以便更好调节我国宏观经济的运行,使货币政策能更好地实现最终目标。SLF 利率打造为利率走廊的上限,OMO、MLF、PSL 则有可能演化为短期、中期、长期的政策利率。从当前货币政策实践来看,中国人民银行已经构筑了一条由隔夜到中长期的事实上的利率走廊,而以 7 天逆回购利率为代表的短期资金利率正在成为金融及机构的定价基础。从国际经验看,成熟的货币政策操作一般都只控制短端,其他所有的利率都是由市场去定价的(特

殊时期的 QE 除外）。其背后的核心机理是，对长期利率进行调控会放大短期市场利率的波动。

本书选取隔夜拆借利率、7 天逆回购利率、14 天逆回购利率和月利率作为价格型货币政策工具。由于 2006 年 10 月才开始统计 Shibor 利率，本书选取 2007—2016 年的数据（见图 4-5），2007 年 10 月 26 日隔夜利率为 8.5282%，7 天利率为 10.0824%，14 天逆回购利率为 13.5786%，月利率为 8.8271%，隔夜利率、7 天利率、14 天利率和月利率均达到了历史的最高点，接着利率开始回落。2013 年 6 月 20 日，隔夜 Shibor 利率创下了历史最高点 13.444%。2015 年 1 月 4 日，上海银行间同业拆借利率（Shibor）显示，所有期限品种全线上涨，其中隔夜品种上涨 11.20 个基点，至 3.6400%；7 天期上涨 24.40 个基点，至 4.8830%；14 天期上涨 21.50 个基点，至 5.5940%。与此同时，银行间质押式回购利率在开盘后却普遍走低。

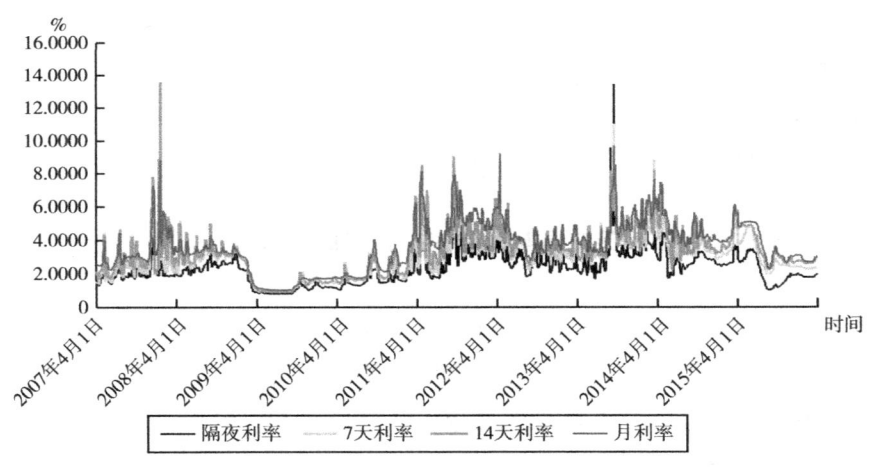

图 4-5 利率的变动情况

数据来源：国家统计局。

由于固定资产投资的数据只有月度数据，而 Shibor 公布的数据频率是不断变化的，因此运用加权平均的方式得到隔夜拆借利率、7 天利率、14 天利率和每个月的月利率数据。为了研究月利率变动与固定资产投资的关系

(见图 4-6),可以看出固定资产投资相对于利率的变动具有滞后性,当利率急速下降时,固定资产投资并没有立即上升,而是继续按照原来的增长率缓慢上升。为了研究利率变动与固定资产投资的关系需要建立模型来进一步验证。

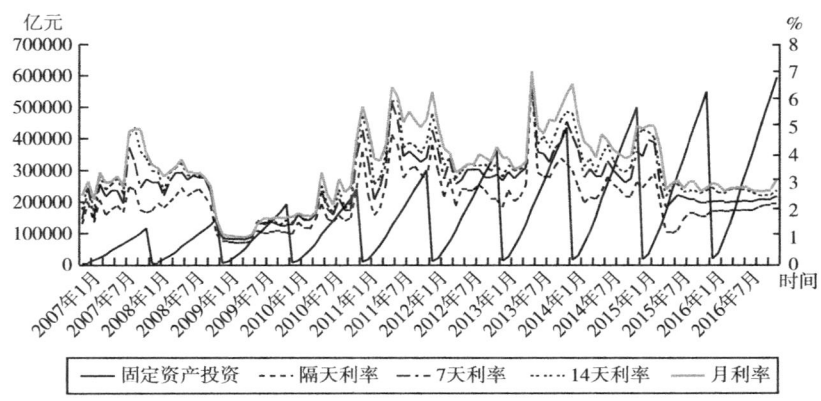

图 4-6 利率变动与固定资产投资的关系

数据来源:国家统计局。

三、创新型货币政策工具与固定资产投资的关系

进入后危机时代,宏观环境不断发生变化,市场预期等多个因素会相互叠加,会导致我国银行体系的短期流动性的波动不断加大,容易带来市场短期资金供求缺口,这不但加大了金融机构流动性管理的难度,而且增加了中国人民银行调节流动性总量的难度。为了提高货币调控效果,提高应对短期流动性波动的能力,中国人民银行在 2013 年初创设了常备借贷便利(SLF),期限一般在 1~3 个月;2014 年 9 月创设了中期借贷便利(MLF),期限为 3 个月。由于在研究价格型的货币政策工具时,选取的都是时间比较短的利率工具,因此为与价格型货币政策工具区分,本书选取能够满足金融机构期限较长的大额流动性需求的常备借贷便利和中期借贷便利。如图 4-7 所示,SLF 和 MLF 与固定资产投资的关系,并不能直接地看出 SLF、MLF 与固定资产投资的关系,需要进一步用模型的方式来检验。

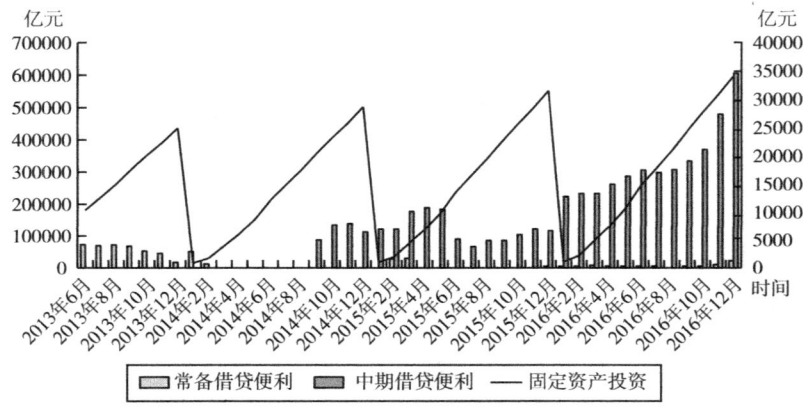

图 4-7 SLF、MLF 与固定资产投资的关系

数据来源：国家统计局。

第三节 模型设立

一、数据和变量的选取

本章样本区间选择 2007 年 1 月至 2016 年 12 月的数据，选用的货币政策工具包括传统数量型货币政策工具、价格型货币政策工具和创新型货币政策工具。其中数量型货币政策工具包括货币供应量（M0、M1、M2），价格型货币政策工具包括隔夜利率、7 天同业拆借利率、14 天同业拆借利率和月利率，并分别将隔夜利率、7 天同业拆借利率、14 天同业拆借利率和月利率分别记为 gy、qt、tm、yl，创新型的货币政策工具包括 SLF 和 MLF。对 M0、M1、M2、SLF 和 MLF 进行对数化处理，并将全部货币政策工具用 X12 褪去季节性趋势，转化为均值为 0、标准差为 1 的标准序列。全部数据来自中国人民银行网站和国家统计局官方网站。

类似的宏观经济信息数据集 X_t，本书选取国内的经济指标和国外的经济指标。其中国内的经济指标主要包括以下几种。①价格指数类：居民消费价格分类指数、商品零售分类指数、工业生产者购进价格指数、工业生产者出厂价格指数。②产出类：实际 GDP、各类重要工业的产出。③投资类：固定资产投资总额以及各行业的完成额。④房地产开发类：房地产开工和竣工的面积。⑤对外经济类：进出口总额和外商直接投资。⑥财政支出类：国家财政预算收入和国家财政预算支出。国外的经济指标主要包括以下几种。①主要经济体的货币政策，包括美国、日本和欧盟。②国际价格指数：国际工业价格指数、国际食品价格指数和国际能源价格指数。③与中国关系密切的国家经济增长速度：美国、日本、俄罗斯、欧盟。④与中国关系密切的国家进出口额。⑤与中国关系密切的国家汇率。同样选取 2007 年 1 月到 2016 年 12 月的数据。这些数据来源于国家统计局、《中国统计年鉴》和中经网统计数据库。并且将这些变量分为"快行"和"慢行"两个类型，对包含季节变动的数据进行 X-12 季节性处理，并对所有的变量进行平稳性检验，最终转化为均值为 0，标准差为 1 的标准序列。

为了实行模型的估计，首先需要确定模型中的共同因子 F_1，并参考 Bagliano 和 Morana（2009）对数量型货币政策工具、价格型货币政策工具和创新型货币政策工具的信息集提取因子。因此，本书使用 Eviews 中的因子分析，每个信息集中提取一个共同因子，分别称为传统数量型货币政策工具组合因子、价格型货币政策工具组合因子和创新型货币政策工具组合因子，并将数量型货币政策工具组合因子记为 sl，价格型货币政策工具组合因子记为 jg，创新型货币政策工具组合因子记为 cx。通过对不同类型的组合因子可以发现，数量型货币政策工具组合因子中 M0、M1、M2 的载荷系数分别为 0.29、0.98、0.99。价格型货币政策工具组合因子中 gy、qt、tm、yl 的载荷系数分别为 0.94、0.98、0.99、0.98。创新型货币政策工具组合因子中 SLF 和 MLF 的载荷系数分别为 0.86 和 0.38。

类似的确定宏观经济信息集的共同因子。为了剔除 F_2 与 F_1 中重合的部分，本书采用 Boivin 等（2009）的扩展主成分迭代估计方法重新估计共同因子，得到 F_2 的估计值 $\hat{F}_2$，把 $F_t = (F_1, \hat{F}_2)$ 作为潜在因子的替代变量代入模型。

二、模型的建立

FAVAR 模型和传统使用的 VAR 在原理上是差不多的,唯一的不同是前者加上了一个共同因子的维度。具体而言,假设 $M \times 1$ 维的 Y_t 是研究者根据实践的结果而选择的一个可观测的变量,简称"关注变量",其包含着各种经济消息;而且 Y_t 的动态变化相关的其他因素由不可观测的 $K \times 1$ 维共同因子 F_t 表征。因此 FAVAR 模型可以表述如下:

$$\begin{bmatrix} F_t \\ Y_t \end{bmatrix} = \phi(L) \begin{bmatrix} F_{t-1} \\ Y_{t-1} \end{bmatrix} + \nu_t \tag{4-1}$$

其中,$\phi(L)$ 为滞后算子多项式,$\phi(L) = \phi_1 + \phi_2 L + \phi_3 L^2 + \cdots + \phi_P L^{P-1}$,$p$ 为滞后阶数;ν_t 是均值为 0 的扰动项目,协方差矩阵为正定矩阵 Ω。如果 $K = 0$,模型(4-1)就简化为关于 Y_t 的传统 VAR 模型;可见,FAVAR 是嵌套了 VAR 的更具一般性的模型,因而可以方便地考察 F_t 的信息所带来的边际贡献。

现实中,存在大量的经济时间序列 X_t,如果 X_t 能由维度较低的 F_t 和 Y_t 捕捉,那么由 F_t 和 Y_t 构成的 FAVAR 则能构成一个完整的系统,具体可以如下表示:

$$X_t = A^f F_t + B^y Y_t + \lambda_t \tag{4-2}$$

其中,A^f 和 B^y 分别为 F_t 和 Y_t 的载荷因子,λ_t 为 $N \times 1$ 维是具有 0 均值,并服从正态分布的扰动项。模型(4-2)假定 X_t 只依赖于 F_t 的当期值,因为动态因子形式都可以写为静态因子形式,而静态因子形式可以直接应用主成分分析。在确定因子的数量的时候,该模型使用的时 BBE,也就是通过使用不同的因子个数进行实验,看所带来的结果需要几个因子就添加几个。具体的估计方法:首先,把 X_t 分为快行变量和慢行变量两类,快行变量是指那些对政策作出同期响应的变量,慢行变量是指不会对政策在同期作出反应的变量。其次,对慢行变量进行主成分分析,记为 $\hat{C}^*(F_t)$。再次,建立 $\hat{C}(F_t, Y_t)$ 对 $\hat{C}^*(F_t)$ 和 Y_t 的回归模型 $\hat{C}(F_t, Y_t) = \alpha^F \hat{C}^*(F_t) + \alpha^Y Y_t + \mu_t$,获得参数的估计值。最后,构造出 F_t 的估计值 $\hat{F_t} = \hat{C}(F_t, Y_t) - \hat{\alpha}^Y Y_t$。

第四节 研究结果分析

一、货币政策工具的组合效应

根据货币政策的相关理论,我们知道货币政策的反应是具有滞后性的,作用效果会持续一段时间,多种货币政策工具组合的效果需要经过一系列的传导才能作用于固定资产投资,并且对固定资产投资的影响也会持续一段时间。脉冲响应函数是研究货币政策动态传导效应的标准方法,用脉冲响应函数来衡量随机扰动项一个标准差的冲击对其他变量当期和未来期变化的影响。

将提取的数量型货币政策组合因子、价格型货币政策组合因子、创新型货币政策组合因子和固定资产投资进行 VAR 模型分析。在进行 VAR 分析之前首先要对 sl、jg、cx 进行平稳性检验,除 cx(创新型货币政策工具)一阶滞后平稳性以外,其他的变量都是原序列平稳,如表 4-1 所示。

表 4-1　　　　　　　　各变量平稳性检验结果

变量	符号	P 值	是否平稳
数量型货币政策工具	sl	0.0112	是
价格型货币政策工具	jg	0.0576	是
创新型货币政策工具	cx	1.0000	否
一阶差分后的创新型工具	dcx	0.0000	是

为了保证 VAR 模型分析结果的可靠性,要求特征根的模都在单位圆内。图 4-8 显示了针对多种货币政策工具组合因子构建的 FAVAR 模型的特征根的模,可以看出,特征根的模都在单位圆内,满足模型稳定性的要求。进一步分析脉冲响应图,研究数量型货币政策工具组合因子、价格型货币政策工具组合因子和创新型货币政策工具组合因子对固定资产投资的调节效应(见图 4-9)。当三种类型的货币政策组合在一起的时候,数量型货币政策工具组合因子一直为负向的,与现实的认知有差距,所以数量型的货

币政策工具组合因子对固定资产投资的影响是不明显的。价格型货币政策工具组合因子对固定资产投资的影响一直是正向的,并且都在第 1 期达到最大值。创新型货币政策工具组合因子对固定资产投资的影响在当期为 0,在第 2 期达到最大,价格型的货币政策工具组合因子和创新型货币政策工具组合因子对固定资产投资影响的持续性时间较长,但价格型的货币政策工具组合因子对固定资产投资的影响没有滞后性。

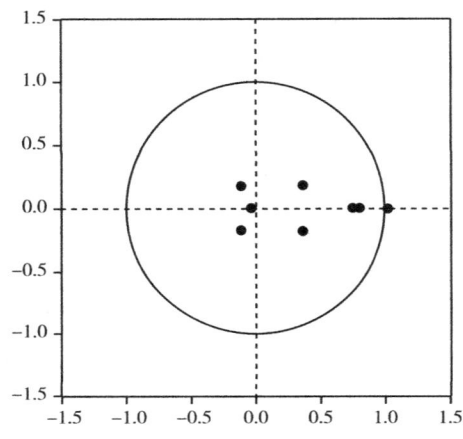

图 4 - 8 模型稳定性检验

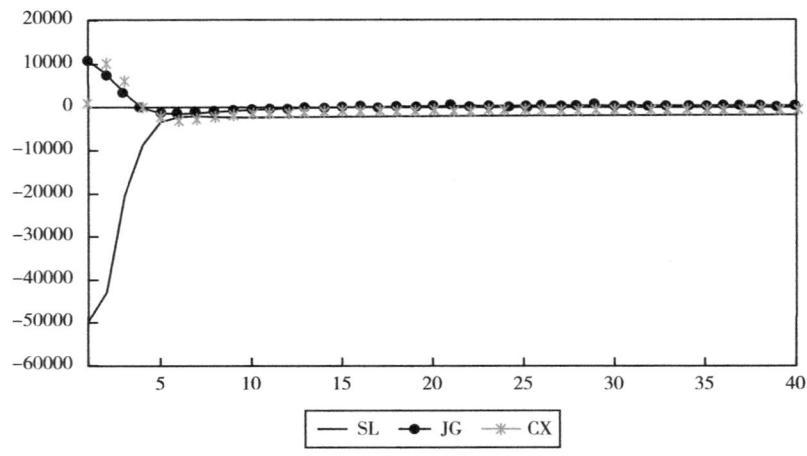

图 4 - 9 货币政策工具组合因子对投资的脉冲效果

通过研究3种货币政策工具的组合效应,我们发现实施数量型的货币政策工具、价格型的货币政策工具和创新型的货币政策工具开始对固定资产投资的冲击中体现的是价格型货币政策工具和创新型货币政策工具的组合效应,创新型的货币政策工具存在滞后性,本书认为这与经济周期和政策的滞后性有关,在经济不景气的时候,由于货币政策的滞后性,中国人民银行即使实施宽松的货币政策,在当期并不能带来固定资产投资的增加。

二、货币政策工具的特质效应

货币政策工具的组合冲击效应揭示了多种货币政策工具相互影响、相互叠加后形成潜在驱动力对固定资产投资的调节效应。在剔除组合冲击的影响后,剩余的影响就是各种政策工具对固定资产投资形成的特质调节效应。

从价格型货币政策工具的冲击来看,隔夜拆借利率对固定资产投资的影响是正向的,并在第4期达到峰值,之后冲击影响逐渐下降直到趋于0。7天同业拆借利率、14天同业拆借利率和月利率对固定资产投资的影响是负向的。从脉冲响应图来看,7天同业拆借利率对固定资产投资影响的波动最大,其次是月利率和14天同业拆借利率,7天同业拆借利率和月利率的冲击在第2期达到峰值,14天同业拆借利率对固定资产投资的影响在第4期达到峰值,之后冲击影响逐渐下降至为0。价格型货币政策工具对投资的脉冲效果见图4-10。

从传统数量型的货币政策工具的冲击来看,固定资产投资首先对货币供应量M0的冲击迅速作出反应,并且在第1期就达到峰值,之后M0的影响逐渐减弱,M0对固定资产投资的影响首先为负值,其次为正值,最后趋于0。M2对固定资产投资的影响在第2期达到峰值,并且M2对全社会投资的影响首先是负向的,其次是正向的,说明M2的特质效应比较明显。货币供应量M1对全社会投资的影响是负向的,并且在第1期M1冲击对固定资产投资的影响达到峰值,但是是负向的,从第4期开始,M0和M1对全社会投资的影响变为正值,最后趋于0。M0、M1

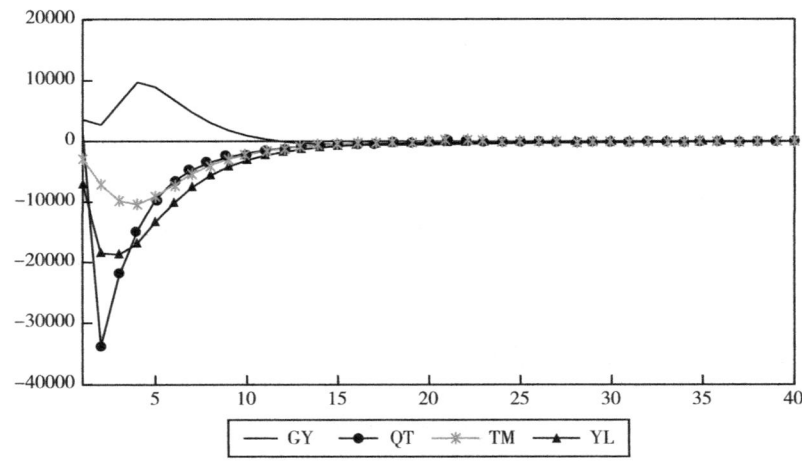

图 4-10 价格型货币政策工具对投资的脉冲效果

和 M2 对全社会的特质效应都比较明显。数量型货币政策工具对投资的脉冲效果见图 4-11。

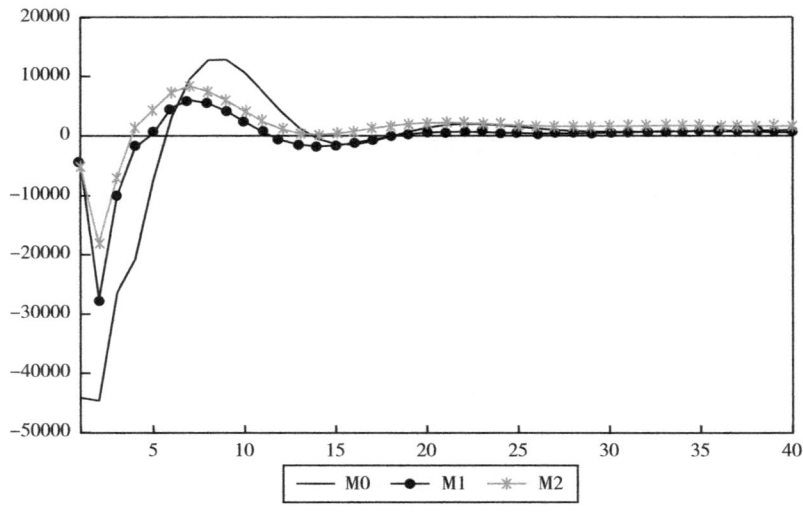

图 4-11 数量型货币政策工具对投资的脉冲效果

从创新型货币政策工具的冲击来看,常备借贷便利(SLF)和中期借贷便利(MLF)对固定资产投资的影响当期是负向的,从第 2 期开始 SLF 和

MLF 对固定资产投资的影响达到最大值,并且 SLF 对固定资产投资的影响高于 MLF 对固定资产投资的影响,之后 SLF 和 MLF 对固定资产投资的影响逐渐下降,并在第 16 期之后影响趋于 0。创新型货币政策工具对投资的脉冲效果见图 4-12。

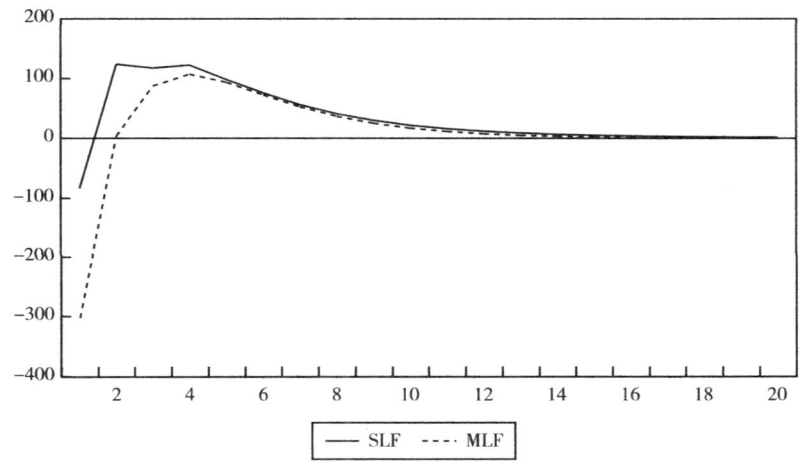

图 4-12 创新型货币政策工具对投资的脉冲效果

第五节 主要结论与启示

本章采用 2007 年 1 月—2016 年 12 月以月度为跨度的数据,利用因子增强向量自回归模型 FAVAR,将我国经济发展过程中的结构突变特征考虑在内,分别将货币供给量 M0、M1、M2 作为传统数量型货币政策的代理变量;将隔夜利率、7 天同业拆借利率、14 天同业拆借利率和月利率作为价格型货币政策的代理变量;将常备借贷便利 SLF 和中期借贷便利 MLF 作为创新型货币政策的代理变量,实证检验了多种货币政策工具对固定资产投资的调节效应,得到以下主要结论。

第一,多种货币政策工具的组合运用会减弱固定资产投资的波动。当多种货币政策工具同时运用的时候,除传统数量型的货币政策工具对固定资产投资的影响在第 2 期波动较大之外,价格型货币政策工具和创新型货币政策工具对固定资产投资的影响相对于特质效应来说,波动较小且创新型货币政策工具的使用减缓了冲击的滞后性和持续性。

第二,不同货币政策工具在货币政策工具组合的重要性也存在差异。通过分析 3 种货币政策工具组合发现,数量型货币政策工具组合主要反映的是 M2 的政策效果,M0、M1 的政策效果可以由其特质部分反映;价格型的货币政策工具中,主要反映的是隔夜利率 gy 的脉冲效果,其他 3 种代表型的变量 qt、tm、yl 的冲击效果不太明显;创新型的货币政策工具组合主要反映的常备借贷便利 SLF 的政策效果,中期借贷便利的政策效果由其特质部分反映。

本章的研究结论对我国经济转型具有重要的指导意义。尤其是我国具有显著的依赖投资拉动经济增长的情境下,依然简单地使用货币供应量的调节作用,有可能就会导致货币政策操作的失效或者是过渡操作。因此,中国人民银行应综合运用多种货币政策工具,逐渐采用价格型货币政策工具和创新型的货币政策工具,谨慎地使用数量型的货币政策工具。

第五章

多种货币政策工具对产业投资的影响

第五章　多种货币政策工具对产业投资的影响

第一节　问题的提出

近年来,我国经济总体保持平稳增长态势,企业效益改善,就业形势稳定,当然也必须看到,未来一段时期内外部形势仍很复杂。从国际环境看,全球经济仍处在百年一遇的大危机、大调整过程中,强劲增长的动力依然不足,政治经济社会领域的"黑天鹅"事件还可能增多,加之美联储加息和缩表节奏存在不确定性,过去几年极度宽松货币环境下逐渐积累的全球资产泡沫也有内在调整的压力。从国内经济看,近期企业效益改善主要集中在煤炭、钢铁、化工等上中游行业,民间投资活力尚显不足,内生增长动力仍待增强,结构性矛盾仍存在。同时,信贷扩张表现出较强冲动,现实中各方面多希望货币条件能松一些,一旦出现金融风险,又寄望中国人民银行通过增发货币来帮助处置。受到经济下行压力较大、金融市场出现较大波动等多种原因影响,部分时段的货币政策在实施上可能是稳健略偏宽松的。多目标之间的权衡增加了货币政策操作上的难度。当前,我国面临的主要是结构性矛盾和发展方式上的问题。要想实现我国产业结构调整和升级,货币政策作为国家宏观调控的主要手段,对于这些自身属性存在差异的中观主体影响的研究就很重要。

综观中国人民银行货币政策操作的历史,从美国的次贷危机到如今,我国在货币政策上也在不断地进行调整,但是根据实际实施情况来看,效果并不是很如意。比如在国家经济发展不好的情况下,中国人民银行会采取宽松的货币政策,但是这些资金通常流入一些效率低下的企业,导致一些传统产业出现产能过剩的局面,对新兴产业来说,由于自身资历浅,所以统一货币政策的实施在帮助到需要的企业、带来产业结构的转变方面仍需进一步加强。

如何在不确定的环境中把握好货币政策的方向和执行力度是各国央行在进行宏观调控时遇到的大问题。在现有研究中,尽管已经有一些文献证实我国货币政策的产业效应存在非对称性。但是,研究不够深入、具体,基本都是在产出的角度探讨产出层面的特征是否会影响到货币政策产业效应的非对称性。本书在已有研究的基础上进一步深入分析，多种货币政策工具包括数量型货币政策工具、价格型货币政策工具和创新型货币政策工具对产业的影响，并且是从产业投资的角度来分析不同产业的表现是否一致，各个产业部门是如何表现的，这种调节效应产生的原因是什么。研究货币政策对产业投资的调节作用，不仅能在理论上加深我们对多种货币政策工具实施效果的理解和认识，而且能在实际操作层面为政府部门的政策制定提供科学依据。

第二节　模型设立

一、数据和变量的选取

本章使用 2007 年 1 月—2016 年 12 月的月度数据 66 个产业数据，分别是农林牧渔业，采矿业，煤炭开采及洗选业，石油和天然气开采业，黑色金属矿采选业，有色金属矿采选业，非金属矿采选业，制造业，农副食品加工业，食品制造业，饮料制造业，烟草制造业，纺织业，纺织服装、鞋和帽制造业，皮革业，木材加工业，家具制造业，造纸及纸制品业，印刷业和记录媒介的复制，文教体育用品，石油加工，化学原料及化学制品，医药制造，化学纤维制造，橡胶制品业，塑料制品业，非金属矿物制造业，黑金属冶炼及压延加工业，有色金属冶炼及压延加工业，金属制品业，通用设备制造业，专用设备制造业，交通运输设备制造业，电气机械及器材制造业，计算机等电子设备制造业，仪器仪表及办公用机械制造业，工艺品及其他制造业，废弃资源和废旧材料回收加工业，电力、燃气及水的生产和供应业，电力、热力的生产与供应业，燃气生产与供应业，水的生产与供应业，建筑业，交通运输、仓储及邮政业，铁路运输业，道路运输业，城市公共交通业，水上运输业，航空运输业，信息传输、计算机服务及软件业，批发和零售业，住宿和餐饮业，金融业，房地产业，租赁和商务服务业，科学研究、地质勘查业，水利、环境及公共设施管理业，水利管理业，环境管理业，公共设施管理业，居民服务和其他服务业，教育，卫生、社会保障及社会福利业，卫生业，文化、体育及娱乐业，公共管理和社会组织。为了表示方便，在 Eviews 中用 y1 到 y66 表示上述 66 个产业的固定资产投资额，由于用的是月度数据，因此先对 66 个产业的固定资产投资额，用 X12 褪去季节性处理，再对 66 个产业进行平稳性检验，得出的结果如表 5-1 所示。

表 5-1　　　　　　　　　　平稳性检验

变量	符号	是否平稳
农林牧渔业	y1	1 阶差分平稳
采矿业	y2	1 阶差分平稳
煤炭开采及洗选业	y3	1 阶差分平稳
石油和天然气开采业	y4	原序列平稳
黑色金属矿采选业	y5	1 阶差分平稳
有色金属矿采选业	y6	1 阶差分平稳
非金属矿采选业	y7	1 阶差分平稳
制造业	y8	1 阶差分平稳
农副食品加工业	y9	1 阶差分平稳
食品制造业	y10	1 阶差分平稳
饮料制造业	y11	1 阶差分平稳
烟草制造业	y12	1 阶差分平稳
纺织业	y13	1 阶差分平稳
纺织服装、鞋和帽制造业	y14	1 阶差分平稳
皮革业	y15	1 阶差分平稳
木材加工业	y16	1 阶差分平稳
家具制造业	y17	1 阶差分平稳
造纸及纸制品业	y18	1 阶差分平稳
印刷业和记录媒介的复制	y19	1 阶差分平稳
文教体育用品	y20	1 阶差分平稳
石油加工	y21	原序列平稳
化学原料及化学制品	y22	1 阶差分平稳

续表

变量	符号	是否平稳
医药制造	y23	1阶差分平稳
化学纤维制造	y24	1阶差分平稳
橡胶制品业	y25	1阶差分平稳
塑料制品业	y26	1阶差分平稳
非金属矿物制造业	y27	1阶差分平稳
黑金属冶炼及压延加工业	y28	1阶差分平稳
有色金属冶炼及压延加工业	y29	1阶差分平稳
金属制品业	y30	1阶差分平稳
通用设备制造业	y31	1阶差分平稳
专用设备制造业	y32	1阶差分平稳
交通运输设备制造业	y33	1阶差分平稳
电气机械及器材制造业	y34	1阶差分平稳
计算机等电子设备制造业	y35	1阶差分平稳
仪器仪表及办公用机械制造业	y36	1阶差分平稳
工艺品及其他制造业	y37	1阶差分平稳
废弃资源和废旧材料回收加工业	y38	1阶差分平稳
电力、燃气及水的生产和供应业	y39	1阶差分平稳
电力、热力的生产和供应业	y40	1阶差分平稳
燃气生产与供应业	y41	1阶差分平稳
水的生产与供应业	y42	1阶差分平稳
建筑业	y43	1阶差分平稳
交通运输、仓储和邮政业	y44	1阶差分平稳
铁路运输业	y45	1阶差分平稳
道路运输业	y46	1阶差分平稳
城市公共交通业	y47	1阶差分平稳
水上运输业	y48	1阶差分平稳
航空运输业	y49	原序列平稳
信息传输、计算机服务和软件业	y50	1阶差分平稳
批发和零售业	y51	1阶差分平稳
住宿和餐饮业	y52	1阶差分平稳

续表

变量	符号	是否平稳
金融业	y53	1 阶差分平稳
房地产业	y54	1 阶差分平稳
租赁和商务服务业	y55	1 阶差分平稳
科学研究、地质勘查业	y56	1 阶差分平稳
水利、环境和公共设施管理业	y57	1 阶差分平稳
水利管理业	y58	1 阶差分平稳
环境管理业	y59	1 阶差分平稳
公共设施管理业	y60	1 阶差分平稳
居民服务和其他服务业	y61	1 阶差分平稳
教育	y62	1 阶差分平稳
卫生、社会保障和社会福利业	y63	1 阶差分平稳
卫生业	y64	1 阶差分平稳
文化、体育和娱乐业	y65	1 阶差分平稳
公共管理和社会组织	y66	1 阶差分平稳

二、模型的建立

结构向量自回归模型也称"SVAR 模型"。为了应对 Lucas 批判，弥补 VAR 模型的缺陷，Sims 和 Bernanke（1986）提出了结构向量自回归模型，相对于 VAR 模型，SVAR 模型是可以有理论基础的，并根据经济理论进行结构性冲击识别。SVAR 模型能够清楚刻画出货币政策对总体经济的冲击，但是 SVAR 模型仅能针对少量的经济变量进行分析，无法反映所要研究主体的完整经济信息，也无法切实反映出经济环境的复杂性，为了解决 SVAR 模型的一些缺陷，近年来许多学者试图将更多的经济因素变量纳入 VAR 模型，把因子分析引入模型。此方法为 FAVAR 模型，但其缺点还是无法赋予公共因子清楚的经济含义，适用于公共因子不多的情况，由于研究产业问题，公共因子的个数不止一个，为了使公共因子有明确的经济含义，Belviso 和 Milani（2006）使用结构因子增强向量自回归模型（即 SFAVAR 模型），在进行 FAVAR 分析之前，先要对原始变量依其经济性质或者经济含义分类，再提取共因子，这样公共因子既有含义又解决了识别问题。

根据 Belviso 和 Milani（2006）对 SFAVAR 模型的设定方式为：

$$\begin{bmatrix} X_t^1 \\ X_t^2 \\ \vdots \\ X_t^n \end{bmatrix} = \begin{bmatrix} \lambda_1^f & 0 & \cdots & 0 \\ 0 & \lambda_2^f & \cdots & 0 \\ \vdots & \vdots & \ddots & \vdots \\ 0 & 0 & 0 & \lambda_n^f \end{bmatrix} \begin{bmatrix} F_t^1 \\ F_t^2 \\ \vdots \\ F_t^n \end{bmatrix} + \begin{bmatrix} e_t^1 \\ e_t^2 \\ \vdots \\ e_t^n \end{bmatrix} \qquad (5-1)$$

将不可观测的经济变量 X_t 按其经济意义分为 n 类 X_t^i，每一类分别提取共同因子 F_t^i，并假设每类经济变量只能提取出唯一的共同因子，这些公共因子被赋予了经济意义，基于此构建一个多变量 p 阶的 SFAVAR 模型如下：

$$\Omega \begin{bmatrix} F_t^1 \\ F_t^2 \\ \vdots \\ F_t^n \\ Y_t \\ P_t \end{bmatrix} = \Omega_0 + \phi(L) \begin{bmatrix} F_{t-p}^1 \\ F_{t-p}^2 \\ \vdots \\ F_{t-p}^n \\ Y_{t-p} \\ P_{t-p} \end{bmatrix} + \varepsilon_t \qquad (5-2)$$

其中，矩阵 Ω 代表变量间的同期相关关系，$\phi(L)$ 为滞后算子的多项式，p 为模型选择的滞后阶数，ε_t 为随机误差项，Y_t 为可观测到的经济变量，F_t^i 为共同因子向量。最终 SFAVAR 模型的估计为：

$$X_t = \Lambda^f F_t^i + \Lambda^y Y_t + \upsilon_t \qquad (5-3)$$

Λ^f 和 Λ^y 分别为 F_t^i 和 Y_t 的载荷因子，υ_t 为 0 均值，并服从正态分布的扰动项。可先据此式（5-3）来估计 F_t^i 的估计值 $\hat{F}_t^i$ 代替 F_t^i，再将公共因子跟 VAR 模型结合就得到了 SFAVAR 模型。同样选用的货币政策工具是数量型货币政策工具、价格型货币政策工具和创新型货币政策工具研究对各种产业的影响。数量型货币政策工具依然用货币供给量 M0、M1 和 M2，价格型货币政策工具依然用隔夜利率 gy、7 天同业拆借利率 qt、14 天同业拆借利率 tm 和月利率 yl，创新型货币政策工具依然使用常备借贷便利 SLF 和中期借贷便利 MLF。

第三节 研究结果分析

一、货币政策工具的组合效应

多种货币政策工具组合对66个产业的影响,从脉冲响应图的效果来看,当3种货币政策工具同时运用的时候,价格型的货币政策工具组合因子和创新型的货币政策工具组合因子对产业投资是有影响的,而数量型的货币政策工具组合因子对产业投资的影响是不明显的,并且价格型的货币政策组合因子冲击对产业投资的影响基本是不具有滞后性的,而创新型货币政策冲击对产业投资的影响是存在滞后性的。由于组合因子中,数量型货币政策工具的组合因子对产业投资的影响不明显,因此只研究价格型货币政策组合因子和创新型货币政策组合因子对各个行业的冲击效果,如表5-2所示。

表5-2　货币政策组合因子对各行业的冲击效果

变量	符号	价格型货币政策组合因子			创新型货币政策组合因子		
		响应峰值的时间	峰值	响应期数	响应峰值的时间	峰值	响应期数
农林牧渔业	y1	当期	303.1	40	第2期	261.3	40
采矿业	y2	当期	345.95	30	第2期	288.58	20
煤炭开采及洗选业	y3	第3期	154.45	13	第2期	109.31	8
石油和天然气开采业	y4	当期	82.87	7	第2期	55.55	4
黑色金属矿采选业	y5	第3期	42.82	10	第2期	35.49	4
有色金属矿采选业	y6	当期	40.07	7	第2期	39.52	4
非金属矿采选业	y7	当期	45.18	4	第2期	39.14	3
制造业	y8	当期	3613.34	15	第2期	3287.71	25
农副食品加工业	y9	当期	214.7	20	第2期	188.04	30
食品制造业	y10	当期	95.67	20	第2期	88.63	30
饮料制造业	y11	当期	86.81	5	第2期	70.25	4
烟草制造业	y12	当期	5.5	9	第2期	6.7	5

续表

变量	符号	价格型货币政策组合因子			创新型货币政策组合因子		
		响应峰值的时间	峰值	响应期数	响应峰值的时间	峰值	响应期数
纺织业	y13	当期	115.32	13	第2期	106.59	15
纺织服装、鞋和帽制造业	y14	当期	73.48	17	第2期	71.38	20
皮革业	y15	当期	44.05	9	第2期	32.77	10
木材加工业	y16	当期	76.29	15	第2期	61.8	18
家具制造业	y17	当期	49.92	16	第2期	41.61	19
造纸及纸制品业	y18	当期	65.24	8	第2期	58.48	11
印刷业和记录媒介的复制	y19	当期	33.39	17	第2期	500.3	30
文教体育用品	y20	当期	40.73	10	第2期	27.88	11
石油加工	y21	当期	78.14	10	第2期	66.97	25
化学原料及化学制品	y22	当期	331.52	16	第2期	294.10	25
医药制造	y23	当期	114.11	19	第2期	101.05	25
化学纤维制造	y24	第2期	22.86	8	第2期	20.22	10
橡胶制品业	y25	当期	147.09	25	第2期	85.10	23
塑料制品业	y26	当期	404.44	28	第2期	221.87	25
非金属矿物制造	y27	第4期	158.25	12	第2期	186.09	18
黑金属冶炼及压延加工业	y28	当期	148.71	16	第2期	126.68	11
有色金属冶炼及压延加工业	y29	当期	185.02	14	第2期	142.69	24
金属制品业	y30	当期	266.03	9	第2期	207.81	25
通用设备制造业	y31	当期	230.87	9	第2期	223.30	14
专用设备制造业	y32	当期	224.66	11	第2期	205.14	18
交通运输设备制造业	y33	第4期	65.79	10	当期	167.38	18
电气机械及器材制造业	y34	当期	198.03	14	第2期	212.14	19
计算机等电子设备制造业	y35	当期	173.25	15	第2期	178.54	16
仪器仪表及办公用机械制造业	y36	当期	30.47	6	第2期	30.85	10
工艺品及其他制造业	y37	第2期	14.60	4	第2期	33.24	9
废弃资源和废旧材料回收加工业	y38	第3期	6.7	9	第2期	9.23	13
电力、燃气及水的生产和供应业	y39	当期	522.50	17	第2期	552.40	25
电力、热力的生产和供应业	y40	当期	397.35	18	第2期	421.21	19
燃气生产与供应业	y41	当期	50.48	6	第2期	49.57	10

续表

变量	符号	价格型货币政策组合因子			创新型货币政策组合因子		
		响应峰值的时间	峰值	响应期数	响应峰值的时间	峰值	响应期数
水的生产与供应业	y42	当期	71.61	15	第2期	80.18	13
建筑业	y43	当期	96.35	6	第2期	82.47	13
交通运输、仓储和邮政业	y44	当期	827.18	21	第2期	986.64	20
铁路运输业	y45	当期	107.35	15	第2期	161.91	12
道路运输业	y46	当期	513.00	17	第2期	545.22	22
城市公共交通业	y47	当期	36.78	7	第2期	58.82	8
水上运输业	y48	当期	11.86	11	第2期	60.17	9
航空运输业	y49	第3期	11.60	8	当期	17.49	8
信息传输、计算机服务和软件业	y50	当期	120.74	12	第2期	114.43	6
批发和零售业	y51	当期	328.80	12	第2期	267.81	20
住宿和餐饮业	y52	当期	148.59	15	第2期	128.53	11
金融业	y53	当期	29.90	4	第2期	25.68	6
房地产业	y54	当期	2729.92	30	第2期	2413.16	
租赁和商务服务业	y55	当期	150.19	23	第2期	150.09	15
科学研究、地质勘查业	y56	当期	77.69	15	第2期	67.03	20
水利、环境和公共设施管理业	y57	当期	961.00	30	第2期	1006.40	20
水利管理业	y58	当期	129.45	14	第2期	116.94	10
环境管理业	y59	当期	25.64	13	第2期	58.25	10
公共设施管理业	y60	当期	801.24	30	第2期	833.14	
居民服务和其他服务业	y61	当期	49.72	5	第2期	43.37	13
教育	y62	当期	147.49	15	第2期	155.88	12
卫生、社会保障和社会福利业	y63	当期	78.94	15	第2期	95.01	9
卫生业	y64	当期	64.71	11	第2期	74.59	10
文化、体育和娱乐业	y65	当期	132.13	13	第2期	127.24	18
公共管理和社会组织	y66	当期	148.64	12	第2期	167.05	13

从响应冲击达到峰值的时间看，煤炭开采及洗选业、黑色金属矿采选业、化学纤维制造、非金属矿物制造业、交通运输设备制造业、工艺品及其他制造业、废弃资源和废旧材料回收加工业、航空运输业的响应速度要

慢于其他行业，对货币政策的敏感度不是很高。首先，虽然这些行业属于资金密集型行业，但是这些行业初始投资量巨大，所以后期对货币政策的反应不是很敏感。其次，因为政策风险，这些行业很多是属于高能耗行业，并且已经出现了产能过剩的情况，所以这些行业的投资下降并不一定是经济形势的问题，跟财政政策和产业政策有很大的关系，这也是导致对货币政策反应不敏感的原因之一。最后，由于资源的短缺和环境因素的双约束，导致成本的上升，而销售价格难以上涨的双重挤压，双重挤压导致上述行业运行难度加大，投资增速缓慢，新开工项目减速反映出上述行业的市场信心和投资意愿。

从冲击响应峰值大小看，制造业，电力、燃气及水的生产和供应业，交通运输、仓储和邮政业，道路运输业，房地产业，水利、环境和公共设施管理业，公共设施管理业受货币政策冲击的影响程度最大。这些行业涵盖的基本是制造业、房地产业和基础设施行业。首先针对基础设施行业，随着城镇化、"一带一路"建设等大型基础设施建设的需要，虽然财政政策对基础设施投资的支持力度很大，但是基础设施建设资金巨大，单凭政府投资远远不够，因此近几年开始探索政府和社会资本投资相结合，社会资本的引入增加了对资金的需求，在一定程度上加强了货币政策冲击对基础设施投资的影响。其次房地产行业是资金密集型的行业，涉及大量金额巨大、结构复杂的融资项目，因此需要大量的资金，利率的轻微波动都会对房地产的资金供给、资金成本以及市场需求产生巨大影响。另外，房地产的热度一直不减，高额利润的吸引，使我国房地产业投资规模持续扩张，这也增加了该产业对货币政策的依赖。最后是制造业，这里的制造业是指总的制造业，并没有具体细分行业，制造业属于经济周期比较强的企业，资金需求量比较大，制造业自身面临着转型升级以及新产品的开发，对资金的需求加大，而制造业中民间投资占80%左右，因此对货币政策的反映就会比较敏感。

从冲击响应的时期数看，非金属矿采选业、饮料制造业、工艺品及其他制造业、金融业、居民服务和其他服务业这几个产业对货币政策组合因子的响应期数一般在5期左右，相对于其他产业来说较短，因为上述产业属于轻工业和服务业，这些都与消费者紧密联系在一起，并且以中小企业为主这些企业对市场需求的敏锐性较高，一旦资金到位，就会迅速作出投资结构的调整。另外，这些产业产品和服务的生产周期也比较短，因此对货币政策冲击的影响深度也比较小。

总之，从反应的速度和深度来看，不同的行业对价格型货币政策组合因子和创新型货币政策组合因子的反应是不同的，由于不同行业的产品生产方式、销售方式、原材料成本、劳动力成本存在很大差异，再加上不同行业具有明显不同的资金需求额度、不同的流动比例要求和利润率以及国有资本所占的比重也不同，因此导致了我国货币政策存在着明显的行业效应。当3种货币政策工具同时作用时，数量型货币政策工具的作用效果几乎不明显，而价格型货币政策工具与创新型货币政策相比，反应速度较强，反应深度较广。

从价格型货币政策工具组合因子调节效应来看，价格型货币政策工具因子的正向冲击对农林牧渔业，文教体育用品，医药制造，工艺品及其他制造业，电力、热力的生产和供应业，水的生产与供应业，交通运输、仓储和邮政业，铁路运输业，道路运输业，水上运输，信息传输、计算机服务和软件业，批发和零售业，租赁和商务服务业，科学研究、地质勘查业，水利、环境和公共设施管理业，水利管理业，环境管理业，公共设施管理业，教育，卫生、社会保障和社会福利业，文化、体育和娱乐业25个行业的调节，当期为正值，之后逐渐下降为负值最后趋于0。该结果说明，价格型货币政策工具组合会抑制这25个行业固定资产投资，但是这种调节效应存在一定的滞后性。对交通运输设备制造业、废弃资源和废旧材料回收加工业、航空运输业3个行业的调节，当期为负值，之后上升为正值，最后趋于0，说明价格型货币政策工具组合的正向冲击会促进这3个行业的固定资产投资，但是存在一定的滞后性。

从创新型货币政策工具组合因子调节效应来看，创新型货币政策工具因子的正向冲击对66个行业的影响都是首先是正向的，其次变为负向，最后趋于0。这说明创新型的货币政策组合对66个行业的冲击都是具有滞后性的。

二、货币政策工具的特质效应

货币政策工具组合冲击效应揭示了多种货币政策工具相互影响、相互叠加后形成潜在驱动力对固定资产投资的调节效应，在剔除组合冲击后，研究 3 种货币政策工具：数量型货币政策工具、价格型货币政策工具、创新型货币政策工具单独作用时，对 66 个行业固定资产投资的影响。并分别介绍 M0、M1、M2、gy、qt、tm、yl、slf、mlf 对 66 个行业冲击的特质效应。

从数量型货币政策工具特质效应结果来看，M0 对采矿业、煤炭开采及洗选业、有色金属矿采选业、石油加工这 4 个行业固定资产投资的冲击首先是负向的，其次变为正向，最后趋于 0，说明 M0 的正向冲击对这 4 个行业的固定资产投资是具有促进作用的，但是存在一定的滞后性。M0 对文体体育用品、橡胶制品业、塑料制品业、租赁和商务服务业、科学研究和地质勘查业这 5 个行业固定资产投资的冲击首先是正向的，其次为负向的，最后趋于 0。说明 M0 的正向冲击会抑制这 5 个行业固定资产投资，但是这种抑制是具有滞后性的。M0 对其他 57 个行业固定资产投资的冲击首先是负向的，其次趋于 0，说明 M0 的增加会导致这 57 行业固定资产投资没有起到很好的调节作用。M1 对采矿业、煤炭开采及洗选业、石油和天然气开采业、黑色金属矿采选业、有色金属矿采选业、饮料制造业、烟草制造业、石油加工、化学原料及化学制品、化学纤维制造、非金属矿物制造、黑金属冶炼及压延、交通运输设备制造业、废弃资源和废旧材料回收加工业、燃气生产和供应业、航空运输业、住宿和餐饮业、金融业这 18 个行业固定资产投资的冲击首先是正向的，其次变为负向，最后趋于 0。这说明 M1 对这 18 个行业的固定资产投资具有抑制作用，但存在一定的滞后性。M1 对文教体育用品、橡胶制品业、塑料制品业、黑金属冶炼及压延、有色金属冶炼及压延加工业、金属制品业、建筑业、信息传输及计算机服务和软件业、租赁和商务服务业、科学研究和地质勘查业这 10 个行业的冲击首先是负向的，其次变为正向，最后趋于 0。这说明 M1 对这 10 个行业的固定资产投资具有促进作用，但是存在一定的滞后性。M1 对剩余 38 个行业固定资产投资的冲击先是正向的，再趋于 0。这说明货币供应量 M1 的正向冲击会促进这些行业的固定资产投资。M2 对 66 个行业固定资产投资的冲击先是正向的，再趋于 0。这说明货币供应量 M2 的正向冲击会增加这些行业的固定资产投资。

从价格型货币政策工具特质效应效果来看，gy 对交通运输设备制造业、航空运输业、环境管理业这 3 个行业固定资产投资的冲击，首先是负向的，其次变为正向，最后趋于 0。这说明 gy 的正向冲击会促进这 3 个行业的固定资产投资，但是存在一定的滞后性。gy 冲击对电力和燃气及水的生产和供应业、电力和热力的生产和供应业、水的生产与供应业、交通运输及仓储和邮政业、铁路运输业、道路运输业、水上运输业、航空运输业、信息传输及计算机服务和软件业、水利及环境和公共设施管理业、水利管理业、环境管理业、公共设施管理业、教育、卫生及社会保障和社会福利业、卫生、公共管理和社会组织这 17 个行业的固定资产投资影响，首先是正向的，其次变为负向，最后趋于 0。说明 gy 的冲击会抑制这 17 个行业的固定资产投资，但是存在一定的滞后性。gy 对其他 46 个行业固定资产投资的冲击先是正向的，再趋于 0。这说明 gy 的正向冲击会促进这 46 个行业的固定资产投资。qt 对 66 个行业的固定资产投资的影响是负向的，再趋于 0。这说明 qt 的正向冲击对这 66 个行业的固定资产投资并没有起到很好的调节作用。tm 对石油和天然气开采业、铁路运输业、水上运输业、航空运输业这 4 个行业固定资产投资的冲击首先是正向的，其次变为负向，最后趋于 0。这说明 tm 的正向冲击会抑制这 4 个行业的固定资产投资，但是这种冲击是具有滞后性的。tm 对其他 62 个行业固定资产投资的冲击先是负向的，再趋于 0。这说明 tm 的冲击对这 62 个行业的固定资产投资并没有起到调节作用。yl 对非金属矿物制造、交通运输设备制造、铁路运输业、水上运输业、航空运输业这 5 个行业固定资产投资的冲击首先是正向的，其次变为负向，最后趋于 0。这说明 yl 的冲击会抑制这 5 个行业的固定资产投资，但是存在一定的滞后性。yl 对其他 61 个行业固定资产投资的冲击先是负向的，再趋于 0。这说明 yl 的正向冲击对这 61 个行业的固定资产投资并没有起到很好的调节作用。

从创新型货币政策工具特质效应来看，SLF 对采矿业、煤炭开采及洗选业、石油和天然气开采业、黑色金属采选业、有色金属矿采选业、非金属矿采选业、饮料制造业、烟草制造业、造纸及纸制品业、石油加工、化学原料及化学制品、化学纤维制造、橡胶制品业、塑料制品业、黑金属冶炼及压延、金属制品业、通用设备制造业、仪器仪表及办公用机械制造业、废弃资源和废旧材料回收加工业、燃气生产和供应业、住宿和餐饮业、金融业、房地产业这 23 个行业的冲击首先是负向的，其次变为正向，最后趋于 0。这说明常备借贷便利 SLF 的正向冲击对这 23 个行业具有促进作用，但是存在一定的滞后性。SLF 对非金属矿物制造、交通运输设备制造业、铁路运输业、水上运输业、航空运输业这 5 个行业固定资产投资的冲击先为负向的，再趋于 0。这说明 SLF 的正向冲击对这 5 个行业固定资产投资并没有起到调节作用。SLF 对农林牧渔业、制造业、农副食品加工业、食品制造业、纺织服装和鞋帽制造业、皮革业、木材加工业、家具制造业、印刷业和记录媒介的复制、文教体育用品、电力和燃气及水的生产和供应业、电力和热力的生产和供应业、水的生产与供应业、建筑业、交通运输及仓储和邮政业、道路运输业、信息传输及计算机服务和软件业、租赁和商务服务业、科学研究和地质勘查业、水利及环境和公共设置管理业、水利管理业、环境管理业、公共设置管理业、居民服务和其他服务业、教育、卫生及社会保障和社会福利业、卫生业、文化及体育和娱乐业、公共管理和社会组织这 29 个行业的冲击首先是负向的，其次为正向的，再次为负向的，最后趋于 0。这说明 SLF 的正向冲击对这 29 个行业固定资产投资影响开始是促进作用，后来变为抑制，但是总体来看，促进作用大于抑制作用，虽然也存在一定的滞后性，但是整体降低了冲击带来的波动性。MLF 对这 66 个行业的冲击先是正向的，再趋于 0。说明 MLF 的正向冲击对这 66 个行业固定资产投资具有促进作用。

由上述分析可知，多种货币政策工具的组合效应和特质效应对不同产业的固定资产投资具有明显的差异性，这种政策效果的显著差异意味着中国人民银行应根据定向调控的目标有针对性地实施货币政策工具。同一货币政策工具对不同行业的影响是不同的，不同的货币政策工具对同一行业的影响也是不同的。数量型货币政策行业效应的计量结果见表 5-3。

第五章 多种货币政策工具对产业投资的影响

表 5-3 数量型货币政策行业效应的计量结果

变量	符号	M0				M1				M2			
		初始效应	总体效应	响应峰值	响应期数	初始效应	总体效应	响应峰值	响应期数	初始效应	总体效应	响应峰值	响应期数
农林牧渔业	y1	−	−	4	20	−	+	3	20	+	+	3	25
采矿业	y2	−	−	1	7	+	+	1	13	+	+	3	14
煤炭开采及洗选业	y3	−	−	1	10	+	−	2	12	+	+	3	13
石油和天然气开采业	y4	−	−	1	8	−	−	4	12	+	+	3	13
黑色金属矿采选业	y5	−	−	1	13	−	−	2	13	+	+	3	13
有色金属矿采选业	y6	−	−	4	13	+	+	1	13	+	+	3	13
非金属矿采选业	y7	−	−	3	7	+	+	3	7	+	+	3	17
制造业	y8	−	−	4	8	+	+	3	8	+	+	3	17
农副食品加工业	y9	−	−	3	10	+	+	3	10	+	+	3	20
食品制造业	y10	0	−	3	13	+	+	3	13	+	+	3	20
饮料制造业	y11	0	−	3	7	+	+	3	7	+	+	3	17
烟草制造业	y12	−	—	3	11	+	+	1	11	+	+	3	11
纺织业	y13	−	−	3	8	+	+	3	10	+	+	3	17
纺织服装、鞋和帽制造业	y14	−	−	3	10	+	+	3	10	+	+	3	20
皮革业	y15	−	−	3	9	+	+	3	9	+	+	3	20
木材加工业	y16	−	−	3	9	+	+	3	9	+	+	3	20
家具制造业	y17	0	−	3	10	+	+	3	10	+	+	3	20
造纸及纸制品业	y18	−	−	3	7	+	+	3	7	+	+	3	15
印刷业和记录媒介的复制	y19	−	−	3	7	+	+	3	7	+	+	3	17
文教体育用品	y20	+	−	3	7	+	+	3	7	+	+	3	30
石油加工	y21	−	−	1	12	+	+	1	12	+	+	3	12
化学原料及化学制品	y22	−	−	3	7	+	+	3	7	+	+	3	15
医药制造	y23	−	−	3	13	+	+	3	13	+	+	3	20
化学纤维制造	y24	−	−	3	13	+	+	1	13	+	+	3	20
橡胶制品业	y25	+	−	1	10	+	+	3	10	+	+	3	30
塑料制品业	y26	+	+	3	15	−	−	2	15	+	+	3	25
非金属矿物制造	y27	−	−	1	13	+	−	4	13	+	+	4	13

续表

变量	符号	M0				M1				M2			
		初始效应	总体效应	响应峰值	响应期数	初始效应	总体效应	响应峰值	响应期数	初始效应	总体效应	响应峰值	响应期数
黑金属冶炼及压延加工业	y28	−	−	1	13	+	+	3	13	+	+	3	15
有色金属冶炼及压延加工业	y29	0	−	3	10	+	+	3	10	+	+	3	27
金属制品业	y30	0	−	3	8	0	+	3	8	+	+	3	20
通用设备制造业	y31	−	−	3	10	+	+	3	10	+	+	3	20
专用设备制造业	y32	−	−	3	10	+	+	3	10	+	+	3	20
交通运输设备制造业	y33	−	−	1	12	+	−	5	10	+	+	3	10
电气机械及器材制造业	y34	−	−	4	10	+	+	3	10	+	+	3	20
计算机等电子设备制造业	y35	−	−	3	10	+	+	3	10	+	+	3	20
仪器仪表及办公用机械制造业	y36	−	−	3	8	+	+	3	8	+	+	3	20
工艺品及其他制造业	y37	−	−	3	8	+	+	3	8	+	+	3	15
废弃资源和废旧材料回收加工业	y38	−	−	1	7	+	+	7	15	+	+	3	15
电力、燃气及水的生产和供应业	y39	−	−	3	12	+	+	3	12	+	+	3	15
电力、热力的生产和供应业	y40	−	−	3	10	+	+	3	10	+	+	3	14
燃气生产与供应业	y41	−	−	3	15	+	+	3	20	+	+	3	20
水的生产与供应业	y42	−	−	3	15	+	+	3	15	+	+	3	20
建筑业	y43	0	−	2	8	+	+	3	8	+	+	3	15
交通运输、仓储和邮政业	y44	−	−	3	10	+	+	3	10	+	+	3	15
铁路运输业	y45	−	−	4	10	+	+	3	10	+	+	3	14
道路运输业	y46	−	−	1	11	+	−	4	12	+	+	3	20
城市公共交通业	y47	−	−	1	8	+	+	3	8	+	+	3	12

续表

变量	符号	M0				M1				M2			
		初始效应	总体效应	响应峰值	响应期数	初始效应	总体效应	响应峰值	响应期数	初始效应	总体效应	响应峰值	响应期数
水上运输业	y48	−	−	3	10	+	+	3	10	+	+	3	12
航空运输业	y49	−	−	1	10	+	−	2	12	+	+	3	12
信息传输、计算机服务和软件业	y50	−	−	3	13	−	+	3	13	+	+	3	20
批发和零售业	y51	0	−	3	10	0	+	3	10	+	+	3	20
住宿和餐饮业	y52	−	−	3	10	+	+	3	10	+	+	3	15
金融业	y53	−	−	3	15	+	+	3	15	+	+	3	20
房地产业	y54	−	−	3	8	+	+	3	8	+	+	3	17
租赁和商务服务业	y55	+	−	3	17	+	+	3	17	+	+	3	30
科学研究、地质勘查业	y56	−	+	3	15	+	+	3	15	+	+	3	25
水利、环境和公共设施管理业	y57	0	−	3	15	+	+	3	15	+	+	3	23
水利管理业	y58	−	−	3	15	+	+	3	15	+	+	3	20
环境管理业	y59	−	−	3	15	+	+	3	15	+	+	3	17
公共设施管理业	y60	−	−	3	15	+	+	3	15	+	+	3	20
居民服务和其他服务业	y61	−	−	3	10	+	+	3	10	+	+	3	20
教育	y62	−	−	3	15	+	+	3	15	+	+	3	17
卫生、社会保障和社会福利业	y63	0	−	3	15	+	+	3	15	+	+	3	20
卫生业	y64	0	−	3	15	0	+	3	15	+	+	3	20
文化、体育和娱乐业	y65	−	−	3	12	+	+	3	12	+	+	3	20
公共管理和社会组织	y66	−	−	3	10	+	+	3	10	+	+	3	15

从初始效应和总体效应来看，M0对所有的变量产生了负向冲击，说明M0没有对66个行业产生有效的刺激作用。从响应速度来看，基本都是在第3期开始产生最大的效果。从响应的时期数来看，M2对66个行业冲击的持久性较长。

由于 qt 对 66 个行业固定资产投资没有起到调节作用，tm 只对其中的 4 个行业固定资产投资起到抑制作用，yl 对其中 5 个行业的固定资产投资起到抑制作用，所有对上述 3 种货币政策工具不再细分初始效应、总体效应、响应峰值和响应期数，只表示出总体效应即可。价格型货币政策行业效应计量结果见表 5-4。创新型货币政策行业效应计量结果见表 5-5。

表 5-4　　　　　价格型货币政策行业效应计量结果

变量	符号	gy				qt	tm	yl
		初始效应	总体效应	响应峰值	响应期数	总体效应	总体效应	总体效应
农林牧渔业	y1	+	+	1	25	-	-	-
采矿业	y2	+	+	4	12	-	-	-
煤炭开采及洗选业	y3	+	+	4	13	-	-	-
石油和天然气开采业	y4	+	+	4	9	-	-	-
黑色金属矿采选业	y5	+	+	4	15	-	-	-
有色金属矿采选业	y6	+	+	4	13	-	-	-
非金属矿采选业	y7	+	+	4	17	-	-	-
制造业	y8	+	+	4	15	-	-	-
农副食品加工业	y9	+	+	4	15	-	-	-
食品制造业	y10	+	+	4	13	-	-	-
饮料制造业	y11	+	+	4	17	-	-	-
烟草制造业	y12	+	+	4	13	-	-	-
纺织业	y13	+	+	4	16	-	-	-
纺织服装、鞋和帽制造业	y14	+	+	4	20	-	-	-
皮革业	y15	+	+	4	18	-	-	-
木材加工业	y16	+	+	4	17	-	-	-
家具制造业	y17	+	+	4	20	-	-	-
造纸及纸制品业	y18	+	+	4	15	-	-	-
印刷业和记录媒介的复制	y19	+	+	4	14	-	-	-
文教体育用品	y20	+	+	1	30	-	-	-
石油加工	y21	+	+	4	10	-	-	-
化学原料及化学制品	y22	+	+	4	15	-	-	-
医药制造	y23	+	+	4	20	-	-	-

续表

变量	符号	gy				qt	tm	yl
		初始效应	总体效应	响应峰值	响应期数	总体效应	总体效应	总体效应
化学纤维制造	y24	+	+	4	20	−	−	−
橡胶制品业	y25	+	+	4	26	−	−	−
塑料制品业	y26	+	+	4	25	−	−	−
非金属矿物制造	y27	+	+	4	17	−	−	+
黑金属冶炼及压延加工业	y28	+	+	4	9	−	−	−
有色金属冶炼及压延加工业	y29	+	+	4	20	−	−	−
金属制品业	y30	+	+	4	20	−	−	−
通用设备制造业	y31	+	+	4	17	−	−	−
专用设备制造业	y32	+	+	4	20	−	−	−
交通运输设备制造业	y33	+	+	2	10	−	−	+
电气机械及器材制造业	y34	+	+	4	20	−	−	−
计算机等电子设备制造业	y35	+	+	4	17	−	−	−
仪器仪表及办公用机械制造业	y36	+	+	4	18	−	−	−
工艺品及其他制造业	y37	0	+	4	12	−	−	−
废弃资源和废旧材料回收加工业	y38	0	+	4	25	−	−	−
电力、燃气及水的生产和供应业	y39	+	+	4	30	−	−	−
电力、热力的生产和供应业	y40	+	+	4	30	−	−	−
燃气生产与供应业	y41	+	+	4	20	−	−	−
水的生产与供应业	y42	+	+	4	40	−	−	−
建筑业	y43	+	+	4	13	−	−	−
交通运输、仓储和邮政业	y44	+	+	4	30	−	−	−
铁路运输业	y45	0	+	4	25	−	−	−
道路运输业	y46	+	+	4	20	−	−	−
城市公共交通业	y47	0	+	4	15	−	−	−
水上运输业	y48	−	+	4	25	−	−	−
航空运输业	y49	−	+	4	25	−	−	+
信息传输、计算机服务和软件业	y50	+	+	4	30	−	−	−
批发和零售业	y51	+	+	4	22	−	−	−
住宿和餐饮业	y52	+	+	4	20	−	−	−

续表

变量	符号	gy 初始效应	gy 总体效应	gy 响应峰值	gy 响应期数	qt 总体效应	tm 总体效应	yl 总体效应
金融业	y53	+	+	4	25	−	−	−
房地产业	y54	+	+	4	17	−	−	−
租赁和商务服务业	y55	+	+	1	30	−	−	−
科学研究、地质勘查业	y56	+	+	4	25	−	−	−
水利、环境和公共设施管理业	y57	+	+	4	30	−	−	−
水利管理业	y58	+	+	4	25	−	−	−
环境管理业	y59	−	−	4	30	−	−	−
公共设施管理业	y60	+	+	4	30	−	−	−
居民服务和其他服务业	y61	+	+	4	25	−	−	−
教育	y62	+	+	4	30	−	−	−
卫生、社会保障和社会福利业	y63	+	+	4	30	−	−	−
卫生业	y64	+	+	4	30	−	−	−
文化、体育和娱乐业	y65	+	+	4	25	−	−	−
公共管理和社会组织	y66	+	+	4	25	−	−	−

表 5-5　　创新型货币政策行业效应计量结果

变量	符号	SLF 初始效应	SLF 总体效应	SLF 响应峰值	SLF 响应期数	MLF 初始效应	MLF 总体效应	MLF 响应峰值	MLF 响应期数
农林牧渔业	y1	−	−	4	40	+	+	4	40
采矿业	y2	−	+	4	13	+	+	4	13
煤炭开采及洗选业	y3	−	+	4	17	−	+	3	15
石油和天然气开采业	y4	−	+	4	12	+	+	4	12
黑色金属矿采选业	y5	−	+	4	17	−	+	4	17
有色金属矿采选业	y6	−	+	4	13	+	+	4	15
非金属矿采选业	y7	−	+	4	17	+	+	4	17
制造业	y8	−	+	4	25	+	+	4	23
农副食品加工业	y9	−	+	4	27	+	+	4	25
食品制造业	y10	−	+	4	26	+	+	4	26

续表

变量	符号	SLF				MLF			
		初始效应	总体效应	响应峰值	响应期数	初始效应	总体效应	响应峰值	响应期数
饮料制造业	y11	−	+	4	23	+	+	4	24
烟草制造业	y12	−	+	4	31	+	+	4	31
纺织业	y13	−	+	4	29	+	+	4	29
纺织服装、鞋和帽制造业	y14	−	+	4	34	+	+	4	35
皮革业	y15	−	+	4	23	+	+	4	23
木材加工业	y16	−	+	4	29	+	+	4	29
家具制造业	y17	−	+	4	30	+	+	4	30
造纸及纸制品业	y18	−	+	4	25	+	+	4	25
印刷业和记录媒介的复制	y19	−	+	4	25	+	+	4	25
文教体育用品	y20	−	+	4	40	+	+	4	40
石油加工	y21	−	+	4	13	+	+	4	15
化学原料及化学制品	y22	−	+	4	20	+	+	4	20
医药制造	y23	−	+	4	25	+	+	4	25
化学纤维制造	y24	−	+	4	15	+	+	4	23
橡胶制品业	y25	−	+	4	13	+	+	4	30
塑料制品业	y26	−	+	4	13	+	+	4	30
非金属矿物制造	y27	−	−	1	20	−	−	1	20
黑金属冶炼及压延加工业	y28	−	+	4	15	+	+	4	15
有色金属冶炼及压延加工业	y29	−	+	4	30	+	+	4	30
金属制品业	y30	−	+	4	25	+	+	4	25
通用设备制造业	y31	−	+	4	23	+	+	4	23
专用设备制造业	y32	−	+	4	30	+	+	4	30
交通运输设备制造业	y33	−	−	3	27	−	−	3	30
电气机械及器材制造业	y34	−	+	4	27	+	+	4	27
计算机等电子设备制造业	y35	−	+	4	27	+	+	4	27
仪器仪表及办公用机械制造业	y36	−	+	4	25	+	+	4	25
工艺品及其他制造业	y37	−	−	1	20	+	+	4	25
废弃资源和废旧材料回收加工业	y38	−	+	4	17	+	+	4	17

续表

变量	符号	SLF				MLF			
		初始效应	总体效应	响应峰值	响应期数	初始效应	总体效应	响应峰值	响应期数
电力、燃气及水的生产和供应业	y39	−	+	4	25	+	+	4	25
电力、热力的生产和供应业	y40	−	+	4	20	+	+	4	20
燃气生产与供应业	y41	−	+	4	20	+	+	4	20
水的生产与供应业	y42	−	+	4	30	+	+	4	30
建筑业	y43	−	+	4	23	+	+	4	23
交通运输、仓储和邮政业	y44	−	+	4	25	+	+	4	25
铁路运输业	y45	−	−	1	20	+	+	4	20
道路运输业	y46	−	+	4	30	+	+	4	30
城市公共交通业	y47	−	+	4	16	+	+	4	16
水上运输业	y48	−	−	1	20	+	+	4	20
航空运输业	y49	−	+	4	20	−	−	4	20
信息传输、计算机服务和软件业	y50	−	+	4	30	+	+	4	30
批发和零售业	y51	−	+	4	30	+	+	4	30
住宿和餐饮业	y52	−	+	4	13	+	+	4	13
金融业	y53	−	+	4	25	+	+	4	25
房地产业	y54	−	+	4	25	+	+	4	25
租赁和商务服务业	y55	−	+	4	40	+	+	4	40
科学研究、地质勘查业	y56	−	+	4	40	+	+	4	40
水利、环境和公共设施管理业	y57	−	+	4	33	+	+	4	33
水利管理业	y58	−	+	4	40	+	+	4	40
环境管理业	y59	−	−	1	30	+	+	4	30
公共设施管理业	y60	−	+	4	35	+	+	4	35
居民服务和其他服务业	y61	−	+	4	27	+	+	4	27
教育	y62	−	+	4	27	+	+	4	27
卫生、社会保障和社会福利业	y63	−	+	4	35	+	+	4	35
卫生业	y64	−	+	4	30	+	+	4	30
文化、体育和娱乐业	y65	−	+	4	27	+	+	4	27
公共管理和社会组织	y66	−	+	4	20	+	+	4	20

第四节 主要结论与启示

通过对2007年1月至2016年12月的月度数据分析数量型货币政策工具、价格型货币政策工具和创新型货币政策工具的组合效应和特质效应对66个行业固定资产投资的影响,本书得出以下结论。

从3种货币政策工具的组合效应来看。当3种货币政策工具同时作用的时候,价格型的货币政策工具组合因子和创新型的货币政策工具组合因子对66个行业固定资产投资是有影响的,而数量型的货币政策工具组合因子对66个行业的固定资产投资的影响是不明显的,并且价格型的货币政策组合因子冲击对66个行业固定资产投资的影响基本是不具有滞后性的,而创新型的货币政策冲击对66个行业固定资产投资的影响是存在滞后性的。这说明从3种货币政策工具组合效应来看,首先是价格型货币政策工具的调节效果最好,其次是创新型货币政策工具,最后是数量型货币政策工具。

从3种货币政策工具的特质效应来看。针对数量型货币政策工具,M2对行业固定资产投资的调节效应较好,并且相对于M0和M1的持久性,M2冲击的持久性更强,M0冲击对66个行业固定资产投资没有起到调节效应,M1对煤炭开采及洗选业、石油和天然气开采业、黑色金属矿采选业、塑料制品业、非金属矿物质制造业、交通运输设备制造业、废弃资源和废旧材料回收加工业、道路运输业、航空运输业这9个行业没有起到调节作用,对其他的57个行业固定资产投资都能起到调节作用,但是持久性没有M2强。针对价格型货币政策,隔夜利率(gy)除了对教育和卫生及社会保障和社会福利业的固定资产投资这两个行业没有起到很好的调节,对其他64个行业固定资产投资都能起到调节作用。月利率只对非金属矿物制造、交通运输设备制造业这两个行业有作用,对其他行业没有起到调节作用,而其他的两种货币政策工具7天利率、14天利率对66个行业固定资产投资都没有起到作用。针对创新型货币政策工具,SLF的冲击对农林牧渔业、工艺品及其他制造业、水的生产与供应业、铁路运输业、水上运输业、航空运输业、科学研究和地质勘查业、水利和环境及公共设施管理业、水利管理业、环境管理业、公共设施管理业这 11 个行业没有起到调节作用，对其他 55 个行业的固定资产投资起到了调节作用。MLF 对这 66 个行业固定资产投资起到了调节作用。

第六章

多种货币政策工具对区域投资的影响

第六章 多种货币政策工具对区域投资的影响

第一节 问题的提出

我国社会主要矛盾是人民日益增长的美好生活需要和不平衡不充分的发展之间的矛盾，不平衡的表现是多维度的，区域间发展的不平衡亦是其中一种。目前，我国的区域间发展并不平衡，在地区间角力中，东部沿海优势扩大。2022年GDP总量前三依次是广东、江苏、山东，这三个省GDP占所有省份GDP总和的28%。其中，广东省GDP总量达到12.91万亿元；江苏省实现GDP总量为12.28万亿元；山东省的为8.74万亿元。这三省也是各省份公共财政收入的前三名。然而，就人均GDP而言，2022年北京市人均GDP为19.01万元，是人均GDP最低的甘肃省的4.2倍。在服务设施方面，城市道路照明，灯盏数最多的是江苏，有339万盏城市道路照明用灯，而后是广东、山东。城市园林绿地面积，最大的是广东，然后是江苏、山东、浙江、上海。快递业务最发达的是广东，其次是江浙沪包邮区。从20世纪90年代末，政府为了使我国经济发展更有效率，将我国东部靠海地区作为优先发展的地区，并以经济发展计划为基础，将我国的靠海地区与内陆地区区分开来。从这以后，在我国经济逐渐增长的同时，政府为了满足经济增长的需求，在经济增长时将其层次划分出来，促进内陆区域经济的增长，将我国的经济区域予以区分，进而产生了与地理阶梯相似的东部区域、中部区域、西部区域的区分方法。后来，我国东北区域经济增长缓慢的问题越来越严重，所以为了加快这一区域经济增长的步伐，政府落实了宏观区域发展计划，在东部区域、西部区域、中部区域中增加了东北区域，区域之间发展的不平衡仍然是目前我国面临的一个难题。

随着我国的市场化程度不断提高，作为国家宏观调控的非常重要的经济政策——货币政策，虽然是一种总量的经济政策，但是逐渐向引导结构调整的方向转型。通过阅读已有的文献，我国不同区域间经济发展水平的差异，使目前我国的货币需求函数在不同区域间呈现出不同的特征，对此需要我国实施有差别化的货币政策。特别是我国是一个幅员辽阔、具有明显地域经济特征的大国，各个省级行政区的经济与社会发展水平存在显著的不均衡，货币政策效果的差异是客观存在的，但是很少有文章探讨数量型货币政策工具、价格型货币政策工具和创新型货币政策工具3种不同的货币政策工具对各地区固定资产投资的情况，分析多种货币政策工具的效果对货币政策的制定和区域经济的发展具有重大的研究意义。

区域经济是国民经济发展的空间体现，是一个国家国民经济的重要组成部分，固定资产投资作为我国经济发展重要手段和新的经济增长点。一个地区固定资产投资发展水平将成为评价区域经济竞争力的重要方面。本章以货币政策区域差异化理论为基础，选取2007年1月—2016年12月的31个省级行政区（我国港、澳、台地区除外）的固定资产投资及数量型货币政策M1、M2和M3，价格型货币政策工具gy、qt、tm和yl以及创新型的货币政策工具SLF和MLF构建VAR模型。

第二节　模型设立

一、数据和变量的选取

本章选取我国31个省级行政区为研究目标，变量 $N=31$。将多种货币政策工具作为全局变量，各省级行政区的固定资产投资为内生变量。多种货币政策工具选择数量型的货币政策工具货币供给量M0、M1和M2，价格型的货币政策工具隔夜利率（gy）、7天利率（qt）、14天利率（tm）、月利率（yl），创新型的货币政策工具常备借贷便利SLF和中期借贷便利MLF作为货币政策工具的代理变量。

本书选取2007年1月—2016年12月的月度数据，包括120组。数量型货币政策工具货币供给量M0、M1和M2，价格型的货币政策工具隔夜利率（gy）、7天利率（qt）、14天利率（tm）、月利率（yl），创新型的货币政策工具常备借贷便利SLF和中期借贷便利MLF的数据来源于中国人民银行网站，各省级行政区的固定资产投资额来自Wind数据库和各地区的统计年鉴。由于采用的是月度数据，具有显著的季节性特征，因此对上述数据先用 X12 进行季节性处理，再对每个变量进行平稳性检验，得出的结果如表 6-1 所示。

表 6-1　　　　　　　各省级行政区的平稳性检验

变量	符号	是否平稳
北京市	d1	一阶差分平稳
天津市	d2	一阶差分平稳
河北省	d3	一阶差分平稳
山西省	d4	二阶差分平稳
内蒙古	d5	一阶差分平稳
辽宁	d6	二阶差分平稳
吉林	d7	一阶差分平稳
黑龙江	d8	一阶差分平稳
上海	d9	二阶差分平稳
江苏	d10	二阶差分平稳
浙江	d11	二阶差分平稳
安徽	d12	一阶差分平稳
福建	d13	二阶差分平稳
江西	d14	一阶差分平稳
山东	d15	一阶差分平稳
河南	d16	二阶差分平稳
湖北	d17	二阶差分平稳
湖南	d18	二阶差分平稳
广东	d19	二阶差分平稳
广西	d20	二阶差分平稳
海南	d21	一阶差分平稳
重庆	d22	二阶差分平稳
四川	d23	一阶差分平稳
贵州	d24	二阶差分平稳
云南	d25	二阶差分平稳
西藏	d26	二阶差分平稳
陕西	d27	一阶差分平稳

续表

变量	符号	是否平稳
甘肃	d28	二阶差分平稳
青海	d29	二阶差分平稳
宁夏	d30	二阶差分平稳
新疆	d31	二阶差分平稳

从表 6-1 可以看出，各地区变量均含有单位根，并且不同的变量分别采用一阶差分和二阶差分形式。为了进一步对各地区可能存在的关系，进行协整检验，发现各地区均存在 1 个或 2 个协整关系。确保其他省份变量对各省变量存在单向的长期影响，也就是其他省份的变量对各省内的变量会产生长期影响，而各省变量没有对其他变量的反作用。所以我们要对存在协整关系的相对应变量进行弱外生性检验，结果显示大部分省外变量满足弱外生性要求。

二、模型的建立

GVAR 模型最早由 Pesaran 等（2004）提出，该模型区别于传统的向量自回归模型，GVAR 模型创建了由多个独立的经济体或部门 VAR 模型构成的一个全局系统，子模型可通过权重矩阵，使各个体之间传导路径相互关联。GVAR 模型考虑各地区之间相互联系的途径，可以分为三种途径：第一，我国各省级行政区变量 X_{it} 受其他省对应变量 X_{it}^* 的当期作用和滞后效应；第二，我国各省级行政区变量受全局变量的共同作用，如相同的货币供应量、利率和其他货币调控变量等；第三，第 i 个省级行政区会受到第 j 个省级行政区所受到的当期冲击影响，这种依赖性反映在误差的协方差矩阵中。

GVAR 模型设定包括以下四步。

第一步，设定 31 个省级行政区，并分别构建各省级行政区的 VARX 模型，模型既要包括内生变量，同时也要包含其他地区的相应变量。假设 X_i 表示第 i 个省的内生变量向量，X_i^* 表示第 i 个省外的变量向量，X_i 和 X_i^* 分别为阶数为 k_i 和 k_i^* 的向量。为了表述方便，假设各省级行政区的滞后阶数都为 1，则第 i 个省的 VARX（1，1）模型用以下形式设定：

$$X_{it} = a_{i0} + a_{i1}t + \Gamma_i X_{i,t-1} + \Phi_{i0} X_{it}^* + \Phi_{i1} X_{i,t-1}^* + \varepsilon_{it} \quad t=1,2,\cdots,T; i=1,2,\cdots,N$$

$$(6-1)$$

这里 Γ_i 是一个 $k_i \times k_i$ 系数矩阵，Φ_{i0} 和 Φ_{i1} 分别是 $k_i \times k_i^*$ 的系数矩阵。ε_{it} 为 $k_i \times 1$ 的各省级行政区自主冲击的变量，假设各省级行政区的自发冲击是非序列相关的，且均值为 0，即 $\varepsilon_{it} \sim i.i.d.(0, \sum_{ii})$，通常假设 $\sum_{ii} (i=0, 1, 2, \cdots, N)$ 是不随时间变化而变化的，即是非时变的方差协方差矩阵。其他省 j 的变量，则利用经济权重矩阵 W 中的权重 w_{ij} 来构造。权重 w_{ij} 是通过省份 j 占省份 i 的 GDP 的比重计算得到，其他省份变量业通过该经济权重矩阵，用类似的方法构建。

第二步，将各省级行政区内生变量与各省级行政区外生变量结合，形成一个 $(k_i + k_i^*) \times 1$ 的向量 Z_i：$Z_{it} = \begin{bmatrix} X_{it} \\ X_{it}^* \end{bmatrix}$。将式（6-1）改为：

$$A_i Z_{it} = a_{i0} + a_{i1} t + B_i Z_{i,t-1} + \varepsilon_{it} \quad (6-2)$$

这里 $A_i = (I_{ki}, -\Phi_{i0})$，$B_i = (\Gamma_i, \Phi_{i1})$，并且 A_i 和 B_i 是 $k_i \times (k_i + k_i^*)$ 阶的矩阵，其中 A_i 是满秩矩阵，即，rank$(A_i) = k_i$。

第三步，通过贸易权重矩阵将所有省份的 VARX 模型链接在一起，构成一个完整的系统。贸易权重矩阵由经济权重构造，设为 W，矩阵中的元素都是已知的。把系统中的所有内生变量集合到向量 X_t 中，即：

$$Z_{it} = W_i X_t \quad i = 0, 1, 2, \cdots, N \quad (6-3)$$

W_i 是一个 $(k_i + k_i^*) \times k_i$ 矩阵，其中的元素都是已知的，即由贸易权重构成的系数。W_i 可以看作将各国 $VARX^*$ 模型链接为 GVAR 的一个链接矩阵。将式（6-2）和式（6-3）结合，得到：

$$A_i W_i X_t = a_{i0} + a_{i1} t + B_i W_i X_{t-1} + \varepsilon_{it} \quad (6-4)$$

这里 $A_i W_i$ 和 $B_i W_i$ 是 $k_i \times k$ 的矩阵，将这些方程写为上下叠加的形式，得到：

$$GX_t = a_{i0} + a_{i1} t + HX_{t-1} + \varepsilon_t \quad (6-5)$$

这里，$a_0 = \begin{bmatrix} a_{00} \\ a_{10} \\ \vdots \\ a_{N0} \end{bmatrix}$ $a_1 = \begin{bmatrix} a_{01} \\ a_{11} \\ \vdots \\ a_{N1} \end{bmatrix}$ $\varepsilon_t = \begin{bmatrix} \varepsilon_{0t} \\ \varepsilon_{1t} \\ \vdots \\ \varepsilon_{Nt} \end{bmatrix}$ $G = \begin{bmatrix} A_0 W_0 \\ A_1 W_1 \\ \vdots \\ A_N W_N \end{bmatrix}$ $H = \begin{bmatrix} B_0 W_0 \\ B_1 W_1 \\ \vdots \\ B_N W_N \end{bmatrix}$

G 是 $k \times k$ 的满秩矩阵。GVAR 模型可以得到以下的形式：

$$X_t = G^{-1} a_{i0} + G^{-1} H X_{t-1} + G^{-1} \varepsilon_t \tag{6-6}$$

通过估计单个方程的 $VARX^*$ 模型以及通过计算 GDP 和贸易权重等计算 W 中系数，这样构造的矩阵 G 是已知的，不需要在 GVAR 中进行估计，使在 GVAR 的模型框架进行类似 VAR 模型的分析是可能的。在现有主要变量的基础上，纳入全局变量，得到扩展的 GVAR 模型：

$$GX_t = a_{i0} + HX_{t-1} + \xi_0 d_t + \xi_1 d_{t-1} + \varepsilon_t \tag{6-7}$$

其中，d_t 为多种货币政策工具构成的全局变量向量，式（6-7）即为本书所构建的多种货币政策工具效应区域差异性度量的 GVAR 模型。通过上面的构建显然模型非常大，即便有少数的 N，把模型中所有参数估计出来是非常麻烦的。所以，本书借鉴 Pesaran 等（2004）的方法，首先估计出各省 VARX 模型的参数，其次把它们链接成 GVAR 模型，估计出整个系统的待估参数。Garratt 等（2006）证明，如果在 GVAR 模型中包含省级数量比较多，并且满足一些假设条件，这种通过估计子系统而间接得到 GVAR 估计的方法是合理的。

第三节 研究结果分析

一、货币政策工具的组合效应

多种货币政策工具组合对 31 个省级行政区（除港、澳、台地区）的固定资产投资的影响，从脉冲响应图的效果来看，当 3 种货币政策工具同时运用的时候，价格型货币政策工具和创新型货币政策工具对区域投资的影响是很明显的，而数量型货币政策，在 3 种类型的货币政策工具同时作用时，

第六章 多种货币政策工具对区域投资的影响

表现得非常不明显,因此本章只统计价格型货币政策组合因子和创新型货币政策组合因子对区域固定资产投资的影响。

表6-2　　　　货币政策组合因子对各地区的冲击效果

变量	符号	价格型货币政策组合因子			创新型货币政策组合因子		
		响应峰值时间	峰值	响应期数	响应峰值的时间	峰值	响应期数
北京	d1	当期	156.85	14	第2期	187.53	17
天津	d2	当期	220.18	18	第2期	241.66	20
河北	d3	第3期	538.39	18	第2期	565.88	30
山西	d4	当期	249.07	17	第2期	210.28	30
内蒙古	d5	第3期	329.25	30	第2期	305.43	30
辽宁	d6	第3期	771.29	30	第2期	562.86	40
吉林	d7	当期	214.80	14	第2期	264.20	30
黑龙江	d8	当期	253.23	20	第2期	239.80	25
上海	d9	当期	132.37	20	第2期	149.63	25
江苏	d10	当期	749.67	40	第2期	782.33	40
浙江	d11	当期	538.78	35	第2期	471.06	40
安徽	d12	当期	422.02	25	第2期	437.26	25
福建	d13	当期	406.43	16	第2期	357.24	35
江西	d14	当期	287.03	17	第2期	315.00	20
山东	d15	当期	883.26	24	第2期	868.14	25
河南	d16	当期	640.47	25	第2期	635.75	28
湖北	d17	当期	547.44	25	第2期	488.73	29
湖南	d18	当期	422.35	22	第2期	412.25	30
广东	d19	当期	559.29	18	第2期	512.29	30
广西	d20	当期	326.82	26	第2期	309.17	25
海南	d21	当期	60.77	16	第2期	56.87	20
重庆	d22	当期	233.12	20	第2期	250.93	30
四川	d23	当期	473.93	18	第2期	489.88	30
贵州	d24	第2期	198.22	28	第2期	169.66	30
云南	d25	当期	229.81	30	第2期	245.52	35
西藏	d26	当期	25.36	25	第2期	26.58	27

续表

变量	符号	价格型货币政策组合因子			创新型货币政策组合因子		
		响应峰值时间	峰值	响应期数	响应峰值的时间	峰值	响应期数
陕西	d27	第4期	415.98	22	第2期	394.21	25
甘肃	d28	当期	188.72	26	第2期	182.67	30
青海	d29	当期	54.69	14	第2期	57.73	24
宁夏	d30	当期	70.81	19	第2期	68.43	20
新疆	d31	当期	199.54	32	第2期	148.35	34

从多种货币政策工具对区域投资的影响来看，价格型货币政策工具组合因子和创新型货币政策工具组合因子对31个省级行政区的固定资产投资的冲击出现相似的特征，都是促进31个省级行政区的固定资产投资的增加，但响应程度有着显著差异。从组合效应响应峰值的时间来看，价格型货币政策工具组合因子对区域固定资产投资响应峰值的时间快于创新型固定资产投资组合因子的冲击。从组合效应的响应时期数来看，价格型货币政策工具组合因子对区域固定资产投资的影响持续时间要短于创新型货币政策工具组合因子的冲击。

从表6-2中可以发现，山东省对货币政策工具组合因子的反映程度更大，其次是辽宁省和江苏省，排名第四位的是河北省。对货币政策工具组合因子反应程度最低的4个省级行政区是西藏、海南、上海和北京。从各省对货币政策工具组合因子冲击的反应程度来看，货币政策工具冲击对区域投资的影响，跟区域的产业结构是密切相关的，第二产业占比较多的省份，其对货币政策反应越敏感，而第一产业或者第三产业占比较高的省份，对货币政策的反应越不敏感。2016年山东第一产业、第二产业增加值为4929.1亿元、30410.0亿元，分别增长3.9%、6.5%，第三产业增加值31669.0亿元，增长9.3%。全年三次产业结构由上年的7.9∶46.8∶45.3调整为7.3∶45.4∶47.3，第三产业比重提高2个百分点。

从产业结构的角度，货币政策工具的实施导致的区域之间的差异，有一部分原因是跟产业结构的差异有关，由第五章的分析我们可以发现不同的货币政策工具对产业的影响是不同的，即反应的敏感度和持久性是不同的，由于每个地区的代表性的产业是不同的，有的以第一产业为主的地区，因为第一产业的生产周期比较长，且第一产业大多以家庭生产为主，所以以第一产业为主的地区，相应的对资金的需求周期也较强，受到银行信贷的影响较小，当货币政策作用时，第一产业反应地周期也比较长，货币政策工具的冲击对其持续性就较长（响应期数较长），但是冲击的峰值并没有很高。在第二产业中，像山东、辽宁、江苏和河北多是一些资本贡献度较高的行业，其对利率的变动较为敏感。山东、江苏的非国有经济以及中小企业数目较多导致受货币政策冲击的影响较大。

二、货币政策工具的特质效应

货币政策工具组合冲击效应揭示了多种货币政策工具相互影响、相互叠加后形成潜在驱动力对固定资产投资的调节效应，在剔除组合冲击后，下面研究3种货币政策工具：数量型货币政策工具、价格型货币政策工具、创新型货币政策工具单独作用时，对31个省级行政区固定资产投资的影响。

从数量型货币政策工具特质效应结果来看，以货币供应量M0、M1和M2作为数量型货币政策工具变量，分析31个省级行政区固定资产投资的脉冲响应。数量型货币政策工具M0、M1和M2对31个省级行政区固定资产投资的冲击基本都是首先是负向的，其次是正向的，最后趋于0。这说明货币供给量M0、M1和M2对31个省级行政区固定资产投资是具有促进作用的，但是这种促进作用具有滞后性。同时，由表6-3可以看出，对辽宁固定资产投资冲击的影响除外，M1对辽宁固定资产投资的冲击是没有影响的。另外，虽然货币供给量M0、M1和M2对31个省级行政区固定资产投资的冲击都是存在滞后效应，但是滞后期和响应的强度具有显著的差异性。31个省级行政区对3种货币政策工具的反应也是不同的，其中对M0冲击的反应最强烈，其次是M1，反应最不强烈的是M2。因此，如果要对区域实施稳健的货币政策，在选用数量型货币政策工具时，一般采用的是货币供给量M2。

表 6-3　　　　　　　数量型货币政策区域效应的计量结果

变量	符号	货币政策工具 M0			货币政策工具 M1			货币政策工具 M2		
		响应峰值时间	峰值	响应期数	响应峰值时间	峰值	响应期数	响应峰值时间	峰值	响应期数
北京	d1	第8期	192.56	19	第7期	128.66	18	第7期	110.90	16
天津	d2	第9期	264.29	14	第7期	150.68	11	第7期	156.69	14
河北	d3	第9期	676.53	13	第7期	399.08	11	第7期	435.57	14
山西	d4	第9期	334.12	13	第7期	118.32	11	第7期	215.71	13
内蒙古	d5	第9期	412.84	18	第8期	247.3	12	第8期	239.67	15
辽宁	d6	第9期	426.53	40	第8期	256.4	12	第9期	229.51	40
吉林	d7	第9期	404.70	14	第8期	253.33	11	第8期	161.29	15
黑龙江	d8	第8期	241.65	13	第8期	122.69	12	第7期	144.33	12
上海	d9	第8期	171.54	12	第7期	75.59	10	第7期	103.63	11
江苏	d10	第8期	837.66	13	第7期	446.27	11	第7期	669.73	14
浙江	d11	第9期	597.35	14	第7期	219.4	11	第7期	411.12	14
安徽	d12	第9期	529.46	13	第7期	264.9	11	第7期	348.27	14
福建	d13	第9期	469.97	14	第7期	165.79	11	第7期	325.47	15
江西	d14	第9期	395.93	13	第7期	199.63	11	第7期	251.1	14
山东	d15	第9期	1123.498	13	第7期	525.64	11	第7期	712.34	14
河南	d16	第9期	870.65	13	第7期	347.54	11	第7期	559.62	14
湖北	d17	第9期	591.4	14	第7期	200.28	11	第7期	370.44	14
湖南	d18	第9期	551.77	13	第7期	215.90	11	第7期	379.60	13
广东	d19	第9期	662.18	13	第7期	270.52	11	第7期	444.28	12
广西	d20	第8期	336.85	13	第7期	138.18	11	第7期	222.27	14
海南	d21	第8期	67.48	13	第7期	26.29	11	第7期	49.65	14
重庆	d22	第9期	308.24	13	第7期	162.41	11	第7期	215.21	12
四川	d23	第8期	527.82	13	第7期	294.14	11	第7期	348.64	14
贵州	d24	第9期	244.79	13	第8期	52.96	12	第7期	154.93	14
云南	d25	第9期	308.80	13	第7期	136.94	11	第7期	197.55	14
西藏	d26	第9期	34.60	14	第8期	34.27	12	第7期	21.19	13
陕西	d27	第9期	449.03	14	第7期	261.64	11	第7期	302.28	13
甘肃	d28	第9期	239.98	17	第8期	111.23	11	第7期	143.88	14
青海	d29	第9期	89.89	17	第8期	48.02	11	第7期	56	14
宁夏	d30	第9期	88.09	14	第8期	45.82	11	第7期	58.58	13
新疆	d31	第9期	283.02	16	第8期	102.47	11	第7期	191.63	13

从价格型货币政策工具特质效应来看，以价格型货币政策工具隔夜利率 gy、7 天利率（qt）、14 天利率（tm）、月利率（yl）对 31 个省级行政区固定资产投资的影响的脉冲效果来看，当四种价格型货币政策工具同时作用的时候，隔夜利率对 31 个省级行政区固定资产投资的冲击先是正向的，最后趋于 0，7 天利率（qt）、14 天利率（tm）和月利率对 31 个省级行政区固定资产投资的冲击先是负向的，最后趋于 0。说明隔夜利率会促进 31 个省级行政区固定资产投资的增加，而 7 天利率（qt）、14 天利率（tm）和月利率（yl）对 31 个省级行政区固定资产投资没有影响。

因此，从价格型货币政策工具特质效应来看，只有隔夜利率对 31 个省级行政区的固定资产投资起到了促进作用。因为隔夜利率是市场利率体系中对中国人民银行的货币政策反映最为敏感和直接的利率之一，成为中国人民银行货币政策变化的"信号灯"。隔夜利率虽然对 31 个省级行政区的冲击都是正向的，但是冲击的响应程度不同，因此通过表 6-4 来分析隔夜利率对 31 个省级行政区固定资产投资冲击的响应程度。由于在价格型货币政策工具中，7 天利率（qt）、14 天利率（tm）、月利率（yl）对区域固定资产投资没有影响，所以在表 6-4 中，表示的是价格型货币政策区域效应的计量结果。

表 6-4　　　　价格型货币政策区域效应的计量结果

变量	符号	gy				qt	tm	yl
		初始效应	总体效应	响应峰值	响应期数	总体效应	总体效应	总体效应
北京	d1	+	+	4	8	-	-	-
天津	d2	+	+	5	18	-	-	-
河北	d3	+	+	4	10	-	-	-
山西	d4	+	+	4	9	-	-	-
内蒙古	d5	+	+	4	10	-	-	-
辽宁	d6	+	+	4	40	-	-	-
吉林	d7	+	+	4	7	-	-	-
黑龙江	d8	+	+	4	9	-	-	-
上海	d9	+	+	4	20	-	-	-
江苏	d10	+	+	4	30	-	-	-

续表

变量	符号	gy				qt	tm	yl
		初始效应	总体效应	响应峰值	响应期数	总体效应	总体效应	总体效应
浙江	d11	+	+	4	16	−	−	−
安徽	d12	+	+	4	12	−	−	−
福建	d13	+	+	4		−	−	−
江西	d14	+	+	4	12	−	−	−
山东	d15	+	+	4	12	−	−	−
河南	d16	+	+	4	11	−	−	−
湖北	d17	+	+	4	12	−	−	−
湖南	d18	+	+	4	11	−	−	−
广东	d19	+	+	4	11	−	−	−
广西	d20	+	+	4	11	−	−	−
海南	d21	+	+	4	16	−	−	−
重庆	d22	+	+	4	11	−	−	−
四川	d23	+	+	4	13	−	−	−
贵州	d24	+	+	4	10	−	−	−
云南	d25	+	+	4	10	−	−	−
西藏	d26	+	+	3	13	−	−	−
陕西	d27	+	+	3	18	−	−	+
甘肃	d28	+	+	3	30	−	−	−
青海	d29	+	+	3	33	−	−	−
宁夏	d30	+	+	3	15	−	−	−
新疆	d31	+	+	3	13	−	−	−

从表 6-4 中可以看出，辽宁固定资产投资对隔夜利率（gy）的反应最敏感，冲击力度最大，其次是山东省的固定资产投资和江苏省的固定资产投资对隔夜利率的反应比较大。31 个省级行政区中对隔夜利率冲击的反应最不敏感的是西藏和海南。由此可以看出，在研究货币政策工具的冲击效应时，不能简单的根据地域的分布来划分区域。因为如果根据地理位置来划分，比如按东部、中部、西部和东北地区来划分，对各地区内部实施统一的货币政策，将会导致各区域之间的发展更加不平衡。

第四节 主要结论与启示

本书选取 2007 年 1 月—2016 年 12 月的我国 31 个省级行政区（除港、澳、台地区）的月度数据，然后通过 GVAR 模型，从数量型货币政策工具、价格型货币政策工具和创新型货币政策工具的组合效应和特质效应两方面，分析了货币政策工具冲击对 31 个省级行政区固定资产投资的影响，得出以下的主要结论。

从 3 种货币政策工具的组合效应来看。当数量型货币政策组合因子、价格型货币政策组合因子和创新型货币政策组合因子同时对 31 个省级行政区的固定资产投资作用时，31 个省级行政区对冲击的反应是完全不同的。其中，当 3 种组合因子同时作用的时候，数量型货币政策组合因子的影响很不明显，而价格型货币政策组合因子和创新型货币政策组合因子对 31 个省级行政区固定资产投资的冲击呈现相似的特征，但是对冲击响应的程度是不同的。这两种货币政策工具对各省固定资产投资影响的程度的大小，依次是山东、辽宁、江苏、河南、广东、湖北、浙江、河北、四川、安徽、湖南、陕西、福建、内蒙古、广西、山西、黑龙江、重庆、云南、天津、吉林、新疆、贵州、甘肃、北京、上海、宁夏、海南、青海、西藏。除不同区域固定资产投资对价格型货币政策组合因子和创新型货币政策组合的响应程度不同以外，且对统一区域，价格型的货币政策工具组合因子和创新型货币政策工具组合因子的反应程度也是不同的，价格型货币政策工具组合因子对各省投资的影响大于创新型货币政策工具组合因子对其的影响。

从 3 种货币政策工具的特质效应来看。当数量型货币政策工具、价格型货币政策工具和创新型货币政策工具单独对 31 个省级行政区固定资产投资作用时，创新型货币政策工具 SLF 和 MLF 对 31 个省级行政区的固定资产投资的冲击效应不明显；数量型货币政策工具 M0、M1 和 M2 对 31 个省级行政区固定资产投资的冲击是正向的，且都具有滞后性，虽然货币供给量 M0、M1 和 M2 对 31 个省级行政区固定资产投资的冲击都是存在滞后效应，但是滞后期和响应的强度具有显著的差异性；其中对 M0 冲击的反应最强烈，其次是 M1，反应最不强烈的是 M2。价格型货币政策工具隔夜利率（gy）对 31 个省级行政区固定资产投资的冲击效应最显著，但是 31 个省级行政区对隔夜利率冲击的敏感程度是不同的，其他 3 种价格型货币政策工具 7 天利率（qt）、14 天利率（tm）和月利率（yl）对 31 个省级行政区固定资产投资的冲击效果不明显。

第七章

多种货币政策工具对企业投资的影响

第七章　多种货币政策工具对企业投资的影响

第一节　问题的提出

货币政策作为经济调控的手段，对宏观经济都有重要的影响。企业作为微观经济的主要组成部分，其经营策略、投资行为也会因货币政策的实施而改变。任何一个企业的发展离不开国家政策的调控，国家政策调控是为了控制企业的不良发展，提供企业一个比较利于生产的空间，一般使用最多的就是货币政策调控。

货币政策主要影响企业的融资成本，激发企业主体的投资意愿和投资活力。近年来，国家重大的会议均提出了要降低企业融资成本，并且对银行普惠金融服务实施监管考核，确保实体经济的融资成本下降，中国人民银行针对中小企业融资难、融资贵的问题，加大对中小微企业的支持力度，释放增量资金。例如，近期中国人民银行一是用降准获得的资金偿还中期借贷便利降低了银行资金成本，有利于降低企业的融资成本；二是释放了4000亿元的增量资金，增加了企业贷款的低成本资金来源，并适当地降低中小企业融资成本，这些要求都将纳入宏观审慎评估考核中。其实中央层面一直是多管齐下、重拳出击，解决企业尤其是中小企业融资难、融资贵的问题，并且不断多组合使用和创新货币政策工具，到底中国人民银行实施的一系列的措施有没有降低企业的成本，增加企业的投资，是一个非常值得继续深入研究的问题，并且由于国有企业和民营企业面临的融资约束是不同的，那么货币政策工具的实施对这两种类型企业的影响是否存在差异性也是一个非常值得探讨的问题。

根据统计数据，截至2021年底，全国国资系统监管企业资产总额达到259.3万亿元，比2012年底增长2.6倍，年均增长15.4%。2012—2021年，全国国资系统监管企业累计实现增加值为111.4万亿元，超过GDP年均增速2.3个百分点。从经济发展的质量看，国有企业有力提升了高质量发展成色。国资系统监管企业大多处于关系国家安全、国计民生和国民经济命脉的重要行业和关键领域。近年来，通过持续深化改革、强化创新，发展质量效益不断提高，有力引领和促进了相关行业企业高质量发展，在电子信息、轨道交通等领域打造了一批先进制造业集群，同时还承担了全国约80%的化解钢铁过剩产能任务，提前超额完成"十三五"节能减排目标。2021年，中央企业万元产值综合能耗比2012年下降约33%。从经济开放的角度看，国有企业有力促进了我国经济更好融入世界经济发展。国有企业以高质量共建"一带一路"为重点，持续增强全球资源配置能力，目前中央企业拥有境外机构和项目超过8000个，资产总额近8万亿元。

国有企业以建立健全产权清晰、权责明确、政企分开、管理科学的现代企业制度为方向，深化改革，治理结构更完善。目前，中央企业集团层面已基本完成公司制改革，各级子企业改制面达到97.8%，绝大部分中央企业建立起规范的董事会。民营经济等非公有制经济由小到大、由弱到强，成为推动中国经济转型升级的有生力量。从党的十八大提出"保证各种所有制经济依法平等使用生产要素、公平参与市场竞争、同等受到法律保护"，到党的十八届三中全会提出"支持非公有制经济健康发展"，再到党的十九大明确"支持民营企业发展，激发各类市场主体活力"，民营企业转型发展的信心更足，不断迈上新台阶。党的二十大提出优化民营企业发展环境，依法保护民营企业产权和企业家权益，促进民营经济发展壮大。2018年11月，习近平总书记在民营企业座谈会上指出，民营经济具有"五六七八九"的特征，即贡献了50%以上的税收，60%以上的国内生产总值，70%以上的技术创新成果，80%以上的城镇劳动就业，90%以上的企业数量。华为、阿里巴巴、小米等一批民营企业崛起为世界级企业，唱响中国品牌。民营企业的活力创造力不断释放，打破各种"玻璃门""弹簧门""旋转门"，出台"鼓励社会投资39条""促进民间投资26条"等政策，构建"亲""清"新型政商关系，为民营经济营造出更加公平、开放、宽松的环境，创新创造的源泉充分喷涌。目前，我国约70%的技术创新、65%的国内发明专利和80%以上的新产品来自中小企业，其中95%以上是非公有制企业。据测算，2021年，经济活力指数为393.1，比上年增长18.8%。从主要构成指标看，2021年，全国新登记注册市场主体数量为2887.2万户，增长15.4%，增幅比上年提高10.2个百分点；日均新登记企业为2.5

万户,年末市场主体总数达到 1.5 亿户。其中绝大多数是民营企业。

国有企业和民营企业作为微观经济主体的重要组成部分,国有企业和民营企业所面临的融资约束是不同的,建设现代化经济体系,国企民企一个都不能少,开启高质量发展,必须调动国有企业和包括民营企业在内的其他各类所有制企业的活力和创造力。

在我国转型经济制度背景下,货币政策也在不断转型,过去中国人民银行主要使用的是数量型的调控工具,逐渐向价格型的调控转型,如何运用好货币政策工具组合进一步地增强国有企业的竞争力,保持民营企业的发展势头,释放创造活力,是一项非常有意义的课题。已有的文献针对货币政策对企业投资的影响,在货币政策与微观企业行为的研究中,公司特征因素的讨论较为充分,而从货币政策工具的角度去分析货币政策对企业固定资产投资的文献较少,本书从传统的数量型货币政策工具、价格型货币政策工具、创新型货币政策工具分析对企业固定资产投资的影响。

第二节 模型设立

一、数据和变量的选取

本章的 PVAR 模型涉及传统的数量型货币政策工具、价格型货币政策工具、创新型货币政策工具,数量型货币政策工具用中介变量 M0、M1、M2 表示,价格型货币政策工具用 Shibor 利率来表示,创新型货币政策工具用 SLF 和 MLF 来表示。企业投资类型用国有及国有控股企业投资、民间投资来表示。本书民间固定资产投资的范围包括除国有及国有控股企业的固定资产投资、外商投资企业的固定资产投资之外,剩下的部分我们称为"民间固定资产投资"。之所以研究民间固定资产投资是因为,随着经济的发展,民间固定资产投资在促进经济发展中具有非常重要的作用,但是我国面临世界性的经济大衰退,并且本身我国正处于高质量发展阶段所表现的经济增速的换挡期和结构的调整期。这些因素共同导致我国民间投资下滑,如何重振民间投资的热情是我国目前面临的很重要的课题，所有的刺激政策中货币政策对民间投资的影响非常重要，因此本章在区分企业的经济类型时，将民间投资作为一个类型进行研究，来探讨多种货币政策工具对民间投资和国有及国有控股企业的投资影响到底是怎样的，有没有较好地发挥货币政策的促进作用，具有重要的研究意义。

由于统计局公布的民间固定资产投资数据是从2012年开始统计的，本书将数据扩充到2007年，并使用2007年1月—2016年12月的月度数据来验证数量型货币政策工具、价格型货币政策工具和创新型货币政策工具对国有及国有控股固定资产投资和民间固定资产投资的影响，并分析多种货币政策工具对两种类型的固定资产投资的影响的差异。国有及国有控股固定资产投资用gq来表示，民间固定资产投资用mj来表示，先对gq和mj进行季节性处理，再对其进行平稳性检验，确定平稳后，与数量型货币政策工具、价格型货币政策工具和创新型货币政策工具分别进行VAR模型检验，确认模型稳定之后进行脉冲响应。

表7–1　　　　　　　　　　企业类型平稳性检验

名称	符号	是否平稳
固有企业固定资产投资	gq	一阶差分平稳
民间企业固定资产投资	mj	一阶差分平稳

二、模型的建立

本书借鉴Jawadi、Mallick和Sousa（2015）使用面板向量自回归模型（PVAR）评估了货币政策对新兴经济体——巴西、俄罗斯、印度、中国和南非（即"金砖国家"）的企业投资的影响。面板向量自回归模型可以解决之前的时间序列VAR模型的问题，考虑到个体效应的差异，并通过个体效应控制无法观测到的个体差异，而面板向量自回归模型（PVAR）既能解决变量之间的内生性问题，又能控制个体之间的差异性。

根据AIC值最小为最优模型的准则，选择滞后期为二阶的PVAR模型其表示如下：

$$X_{i,t} = \Gamma_0 + \Gamma_1 X_{i,t-1} + \Gamma_2 X_{i,t-2} + f_i + \xi_t \qquad (7-1)$$

其中，Γ_0 为 PVAR 模型的常数项向量，Γ_1 为 PVAR 模型中变量的滞后一期系数向量，Γ_2 为 PVAR 模型中变量的滞后二期系数向量，f_i 为公司个体效应，ξ_t 为随机扰动项向量。

在将向量自回归过程应用于面板数据时，一个强制性约束使每一个横截面个体公司具有潜在的相同 VAR 模型结构，实际上这个假定约束是牵强的。一个处理方法就是加入企业个体固定效应，控制公司个体之间的差异，模型中 f_i 既为企业个体效应。因为公司个体固定效应与被解释变量的滞后项相关，使用一般性均差过程消除公司固定个体效应将导致估计系数有偏差，为了消除公司个体的固定效应与解释变量滞后项的相关性而导致的估计有偏差，本书采用 Helmert 方差估计方法，将前期的平均值引入模型，前期的平均值是所有未来观测值的均值，以保证转换结果与滞后因子之间是正交的，以此来解决企业固定个体效应估计有偏差的问题。

第三节 研究结果分析

一、货币政策工具的组合效应

从多种货币政策工具组合因子的角度分析，发现数量型货币政策工具组合因子对民间投资和国有及国有控股固定资产投资的冲击一直为负值，并最终趋于 0，表明数量型货币政策组合因子并没有起到调节民间投资和国有及国有控股固定资产投资的效果，并且对民间投资的影响大于对国有及国有控股固定资产投资。价格型货币政策工具组合因子冲击在当期达到最大值并且最后趋于 0，说明价格型货币政策工具组合因子对民间投资和国有及国有控股固定资产投资的冲击效果最好且不具有滞后性，并且对民间投资的冲击程度大于对国有控股固定资产冲击的程度。创新型货币政策工具组合因子对民间投资和国有及国有控股固定资产投资的冲击当期为正值，但在第 2 期冲击效果达到最大值，说明创新型货币政策工具组合的滞后期高于价格型货币政策工具组合,且对民间投资的冲击大于对国有及国有控股固定资产投资,但两者的波动性差别并不是很大。

因此,通过分析发现不同类型的货币政策工具组合因子对国有及国有控股固定资产投资和民间投资的冲击影响是不同的。并且在3种货币政策工具组合中,价格型货币政策工具组合因子和创新型货币政策工具组合因子实现了对民间投资和国有及国有控股投资的调控,并且价格型货币政策工具组合因子的调控效果比较好,因为它的滞后期较短,而数量型货币政策工具组合并没有起到很好的调控效果。多种货币政策工具组合对企业投资的脉冲效果见图7-1。

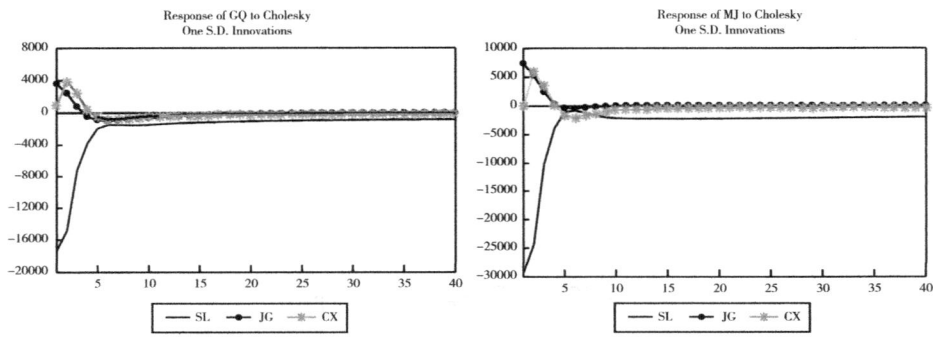

图7-1 多种货币政策工具组合对企业投资的脉冲效果

二、货币政策工具的特质效应

从数量型货币政策工具来看,货币供应量(M0)对民间投资和国有及国有控股投资的冲击是负值,变为正值,最后趋于0;货币供应量(M1)对民间投资和国有及国有控股投资的冲击开始为负值,之后变为正值,最后趋于0;货币供应量(M2)对民间投资和国有及国有控股投资的冲击开始为负值,之后为正值,最终趋于0。说明货币供应量M0、M1和M2冲击对民间投资和固有及国有控股投资具有调控作用,但是都具有滞后性,M2的滞后期最短,因此M2的作用效果最好,并且对民间投资冲击的波动性和持续性要大于对国有及国有控股投资的冲击。数量型货币政策工具对企业投资的脉冲效果见图7-2。

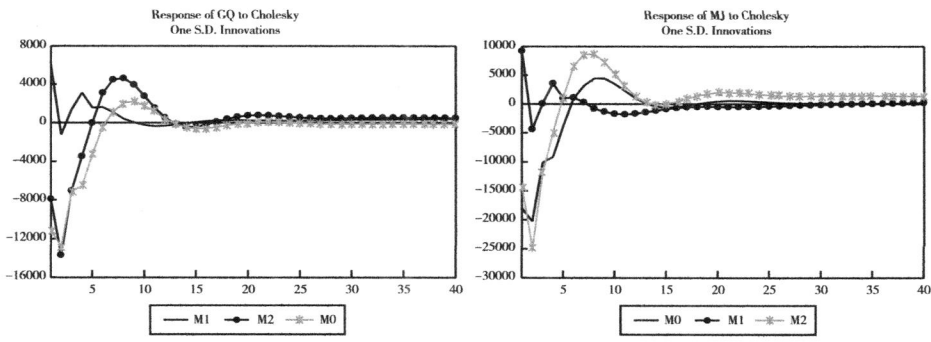

图7-2 数量型货币政策工具对企业投资的脉冲效果

从价格型货币政策工具来看,隔夜利率(gy)对民间投资和国有及国有控股投资的冲击是正值,之后趋于0,7天同业利率(qt)、14天同业利率(tm)和月利率(yl)对国有及国有控股投资的冲击开始是负值,之后为正值,最后趋于0。7天同业利率(qt)、14天同业利率(tm)和月利率(yl)对民间投资的冲击开始是负值,之后趋于0,说明7天同业利率(qt)、14天同业利率(tm)和月利率(yl)冲击对国有及国有控股投资具有调控作用,但对民间投资的调控效果不明显。并且隔夜利率gy对民间投资和国有及国有控股投资的调节作用要好于7天同业利率(qt)、14天同业利率(tm)和月利率(yl)。与数量型货币政策不同的是,此时,价格型货币政策冲击对国有及国有控股的影响要大于对民间投资的影响,波动性和持续性都要强。

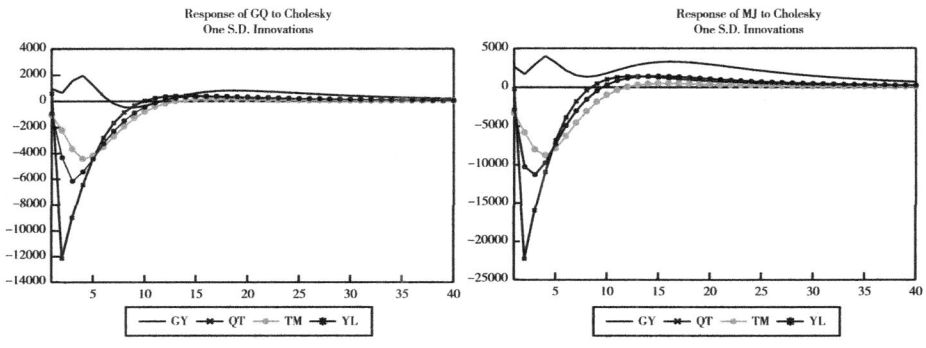

图7-3 价格型货币政策工具对企业投资的脉冲效果

从创新型货币政策工具来看，常备借贷便利（SLF）对民间投资和国有及国有控股投资的冲击开始是0，之后变为正值，最后趋于0；中期借贷便利（MLF）对民间投资和国有及国有控股投资的冲击开始为0，之后变为正值，最后趋于0。创新型货币政策冲击对民间投资的影响大于对国有控股投资的影响。说明常备借贷便利（SLF）和中期借贷便利（MLF）对民间投资和国有及国有控股投资的影响具有滞后性，并且常备借贷便利（SLF）对民间投资和国有及国有控股投资的冲击要小于中期借贷便利MLF对两者的冲击程度。创新型货币政策工具对企业投资的脉冲效果见图7-4。

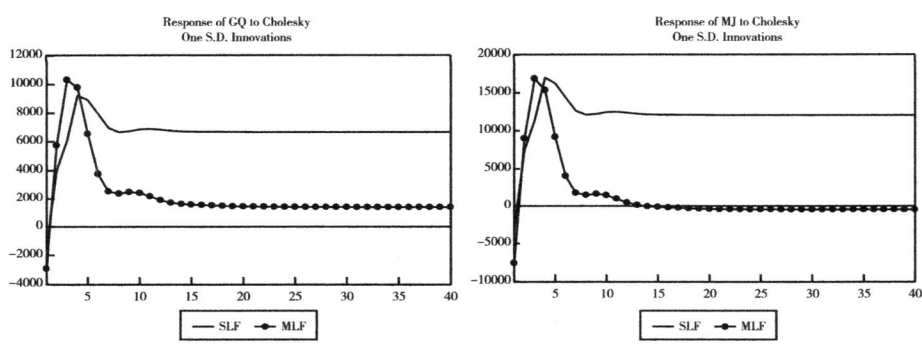

图7-4 创新型货币政策工具对企业投资的脉冲效果

第四节 主要结论与启示

通过分析上述不同的货币政策工具对国有及国有控股企业固定资产投资和民间固定资产投资的表现来看，货币政策对两者的冲击存在非对称性，如果实施统一的货币政策不但不能起到调节固定资产投资的作用，反而会带来部分领域或者行业过度投资的问题，导致产能过剩。因此，本章对于如何合理实施多种货币政策工具调节企业投资具有重要的研究价值，为货币政策当局制定政策具有重要的借鉴意义。

从多种货币政策工具组合因子的组合效应来看，数量型货币政策工具组合因子对民间投资和国有及国有控股投资没有起到很好的调节效果，价格型货币政策工具组合因子和创新型货币政策工具组合因子对民间投资和国有及国有控股投资起到了调节效果，并且价格型货币政策工具组合因子的调节效果比创新型货币政策工具组合因子要好，因为滞后期较短，并且这两种货币政策工具组合因子对民间投资的冲击程度大于对国有及国有控股投资的冲击程度。

从多种货币政策工具冲击的特质效应来看，针对数量型货币政策工具，M0、M1 和 M2 对民间投资和国有及国有控股投资都有调节作用，但是 M2 的作用效果最好，并且对民间投资冲击的波动性和持续性要大于对国有及国有控股投资的冲击。针对价格型货币政策工具，只有隔夜利率（gy）对民间投资和国有及国有控股投资具有较好的调节作用，但是具有一定的滞后性。针对创新型货币政策工具，常备借贷便利（SLF）和中期借贷便利（MLF）对民间投资和国有及国有控股投资的影响具有滞后性，并且常备借贷便利（SLF）对民间投资和国有及国有控股投资的冲击要小于中期借贷便利（MLF）对两者的冲击程度。

第八章

多种货币政策工具对投资影响的原因分析

第一节 表层次原因

一、数量型的货币政策工具逐渐失效

首先,从货币供给的角度来看,根据公式"货币数量 = 基础货币 × 货币乘数",数量型调控需要控制基础货币,同时控制货币乘数。基础货币的投放中国人民银行可以通过公开市场操作灵活调控,从中国人民银行的资产负债表可以看到,近年来基础货币的量基本稳定,没有出现大幅的增长或下降,说明中国人民银行对基础货币的调控是比较精确的。

中国人民银行对货币乘数的调控主要是通过调整法定存款准备金率,效果仅限于银行表内,即通过法定存款准备金率调控银行表内派生货币的能力。近年来随着金融脱媒和影子银行的不断发展,尤其是表外理财业务的出现,促使大量资金由表内转向表外。这一部分货币的派生中国人民银行很难监测和管控,这就导致名义货币乘数与实际货币乘数的偏差扩大,实际的货币供应量也难以控制。

其次,从货币需求的角度来看,根据费雪方程($M = PT/V$),在金融脱媒之前,市场对货币的需求与价格(P)和产出(T)的关系是较为清晰的,通过控制货币供应量能够准确影响经济增长和通胀情况。但金融创新和金融脱媒的不断发展使货币流通速度难以界定,对货币的需求也就变得不稳定。此时,如果还从货币数量的角度来调控,就会出现货币供给与需求的不匹配,造成利率的大幅波动和货币政策的过紧或过松。在这种情况下,维持稳定的利率水平会比维持稳定的货币增速的调控效果更好。

最后,货币数量的相关指标也在逐渐失效。近年来,两大货币指标M2与社会融资规模的走势明显背离,受到金融去杠杆和监管收紧的影响,M2增速不断降低;但社会融资规模的增速始终维持高位,与M2之间的缺口扩大。背后的原因在于两个指标均存在一定的缺失,其中M2无法监测银行表外的融资情况,而社会融资规模没有把政府融资纳入其中。

两个指标均难以准确衡量实际的货币数量，也影响了数量型货币政策调控的效果。

二、利率市场化逐渐完善

利率市场化的不断发展使利率传导机制逐渐完善，价格型货币政策的调控手段可以逐渐发挥作用。一方面银行负债端的利率在逐渐和市场利率接轨，同业的负债以及债券发行两个部分的利率已实现市场化，并且规模呈现快速增长。存款利率上限于 2015 年 10 月放开，未来也将逐步实现市场化。从资产端来看，同业资产利率已实现市场化，而贷款利率上限也于 2013 年 7 月取消，未来将逐步市场化。

此外，货币基金、表外理财等业务的发展，也对银行负债和资产端利率的市场化起到很大的推动作用。在货币基金和表外理财的竞争下，银行表内存款面临不断流失，会倒逼负债端利率向市场利率接轨。而为了匹配负债端利率，资产端利率也会同步变动。

因此，价格型货币政策通过调控货币市场利率可以直接影响债券市场、货币基金、理财和同业业务的利率，进而对银行的资产端和负债端的利率产生影响，达到货币政策调控的效果。

三、M2 比 M1 的效果好

M2 的效果比 M1 的效果要好，说明在大部分情况下，货币政策的传导机制比较顺畅。而 M1 反映居民和企业资金松紧变化，是经济周期波动的先行指标。在基础货币投放不大的情况下，它的波动情况直接反映了企业的资金宽裕程度——如果企业资金充沛，大量资金结余在银行的活期账户，M1 快速增加，肯定就反映了经济情况向好；反之，如果企业资金紧张、活期资金不足以至于要动用定期存款、M1 增速下降甚至出现负增长，则经济情况肯定比较糟糕。因此有的 M1 效果好，这些行业的资金需求量不大，并且这些行业发展很活跃、发展形式良好，所以当货币供给量 M1 增加时，对这些行业的影响比较大。

四、MLF 比 SLF 的效果好

因为 MLF 的期限为 3 个月、6 个月、1 年，资金的用途为"三农""小微企业"，利率是通过利率招标决定。而 SLF 的期限为 1~3 个月，资金的用途没有特定的用途，且利率是由中国人民银行决定，所以 MLF 往往定向调控的效果会更明显。因为它的针对性更强，针对薄弱的产业进行精准发力、定向施策、更多地依靠市场力量、进行"喷灌""滴灌"而不搞"大水漫灌"。通过针对不同调控领域，制定清晰、明确的调控政策，使预调微调和必要的"先手棋"更加有的放矢，更加具有针对性，体现了对宏观调控深处着力和精准发力的更高要求。

第二节 深层次原因

一、货币传导机制的不同

(一) 利率渠道

利率传导理论是最早被提出的货币政策传导理论，但从早期休谟的短期分析、费雪的过渡期理论、魏克赛尔的累积过程理论中所涉及的利率传导理论均未得到关注。直到凯恩斯的《通论》问世及 IS – LM 模型的建立才正式引起学术界对利率传导机制的研究。在其作品中对应的利率传导途径可以用式（8 – 1）表达：

$$货币供应量 M\uparrow \rightarrow 实际利率水平 i\downarrow \rightarrow 投资 I\uparrow \rightarrow 总产出 Y\uparrow \qquad (8-1)$$

货币政策从颁布到实施再到作用于各个产业主体，利率一直是核心风向标，所有的产业主体都会将利率作用政策变化信号来组织经济生产经营活动。当利率调整时，市场上的金融资源也会依据信号指示方向流入不同的经济主体，但是这个过程对于不同的产业、不同的区域、不同的企业，并非同时进行的，因为不同的经济主体在获得金融资源的时间与数量上的差异，各个经济主体对于金融信号的反应程度自然是不同的，尤其是不同的产业、不同的区域、不同的企业对货币政策工具在时滞上的差异。例如,农林牧渔业的生产过程与工业制造业存在较大区别,前者不仅依赖劳动力、资本与土地这三项基本的生产要素,产出水平在一定程度上也直接受到天气等自然因素的影响,并且生产过程的时间跨度相对其他产业要大。因此,农林牧渔业对于利率调整的滞后性较大,前期投入水平一旦固定,为了能够保证良好的农业产出,后期的配套投入则必须跟上,所以在生产过程中利率对其影响相对较小。另外,由于利率决定融资成本,国有企业相对民营企业来说,具有预算软约束,破坏了金融机构与企业之间基于金融市场供求关系确立的信贷契约,导致了当利率变化的时候,国有企业的预算软约束也会造成货币政策变动对企业投资行为的传导机制弱效,使其作用效果减损。东部地区的中小企业众多,对利率的敏感性更强。而西部地区的企业较少,多以国企为主,对利率的敏感性较弱,因此东部地区对利率的敏感性高于西部地区。

(二) 信贷传导渠道

信贷传导渠道在货币政策传导机制的理论中同样具有重要地位,其发展的历史也有相当长的时间。新凯恩斯主义经济学派认为,货币政策除了对借款人资产负债的影响外,还会通过商业银行贷款的供给来影响外在融资溢价。由于在大多数国家,银行贷款是借款人的主要资金来源,如果出于某种原因导致银行贷款的供给减少,就会使许多依赖于银行贷款的借款人,特别是中小企业不得不花费大量的时间和成本去寻找新的资金来源,因此,银行贷款的减少将增加外在融资溢价和减少实质经济活动。当中央银行实施紧缩性的货币政策后,例如,采用公开市场业务减少商业银行的头寸,使商业银行可供贷款的资金数量下降,就会限制银行贷款的供给,通过银行借贷渠道使企业减少投资,收缩生产,减少雇员,产生经济紧缩的效应。

货币供应量 $M\uparrow \to$ 银行贷款增加 $\uparrow \to$ 投资 $I\uparrow \to$ 总产出 $Y\uparrow$ \quad (8-2)

因此,不同的区域、不同的产业、不同的企业对银行贷款具有不同的反应程度,不同的区域对银行贷款的需求是不同的。

(三) 资产负债表渠道

主要从企业角度考察，在金融市场信息不对称的条件下，银行面临逆向选择和道德风险，由此导致厂商的投融资行为受到融资约束和代理成本约束。融资约束是指企业资金的可获得性受限。当经济处于衰退阶段时，由于厂商净资产的现值降低、抵押资产缩水，银行将向企业索取更高的风险升水和贷款留存。企业收益降低、成本增加、净资产价值下降、财务杠杆提高，从而恶化了企业的资产负债表和企业的融资条件，导致外部融资的可获得性降低。尽管中央银行为拉动经济复苏实施扩张性货币政策，但是由于企业净资产和贷款抵押资产价值下降、还款保障能力下降、经营风险增加，银行不会贸然贷款，从而会产生政策时滞。其次，根据金融加速器理论，消极冲击比积极冲击具有更强的影响，扩张性货币政策对经济的影响弱于紧缩性货币政策。在经济繁荣期，紧缩性货币政策相当于消极冲击，金融体系存在的金融加速器能够将之加速和放大，从而对企业投融资决策产生显著的影响。由此可见，紧缩性货币政策与扩展性货币政策的影响存在着明显的非对称性。

二、产业、区域、企业自身的异质性

(一) 产业的异质性

1. 产业要素密集程度差异

不同的产业会有不同的要素密集程度。这是因为不同的产业所使用的各种要素的比例是不同的，由于产业基本的生产要素是劳动、资本和技术，也是产业发展最为重要的要素投入。按照投入要素比例的不同，如农副食品加工业、食品制造业、纺织业、纺织服装、鞋、帽制造、木材加工及木竹藤棕草制造业、家具制造业、印刷业记录媒介的复制、文教体育用品制造业、塑料制造业、非金属矿物制造业、金属制造业等属于劳动密集型的产业、煤炭采选业、石油和天然气开采业、黑色金属矿采选业、有色金属矿采选业、金属矿采选业、石油加工等属于资本密集型产业。假如某个产业是资本相对密集的，意味着对资金的投入较为敏感，资金的变动就会影响产业的投资状况，而货币政策作为能够影响资金变动非常重要的宏观经济政策，会通过影响行业获取外部资本的规模对其投资产生效应。相对应的，第二产业的类型大多数都是资本密集型，第一产业和第三产业则是对应的劳动密集型，在此情形之下，假如对应的当资金的供给上升时，那么对于第二产业，因为其自身的资本得到了增加，从而使自身的投资生产得到了良好的推动，但是同样的因素对于第一产业和第三产业的作用就没有那么明显，因为相对来说对于资本的依赖要小得多，就算是获得了同等的资本支持，所产生的效果也远小于第二产业。当货币供给量减少时，货币政策对第二产业投资影响的负面影响会大于第一产业和第三产业。

2. 产业所获得政策支持程度的差异

由于各行业提供的产品和服务对经济社会发展的作用不尽相同，在政策领域，对某一行业是否提供专门的政策支持以及支持的力度也是有差别的。第一产业所生产的农、林、牧、渔产品，尤其是其中的粮食，提供一国居民生存所需要的食品。我国实施了多项支持农业发展的政策，如种粮农民直接补贴、农资综合补贴、良种补贴和农机购置补贴，以及国家农业综合开发产业化经营中央财政贷款贴息项目等。这些支持政策以财政资金为基础，能够降低农民生产成本。第三产业中一些行业，如水利、环境和公共设施管理业，居民服务业和其他服务业，教育，卫生、社会保障和社会福利业，文化、体育和娱乐业，公共管理和社会组织等，由于涉及保障民生、提供基本公共服务等职能，也能够一定程度上得到政策和财政资金的支持。像这样得到了政策倾斜的产业，在一定程度上会对外部融资环境的变化、信贷资金成本及可获得性的敏感性降低，货币政策对其的影响也会相应减弱。

（二）区域的异质性

1. 区域投资收益率差异

东部地区是市场经济、民营经济、开放型经济的发源地，在改革开放的大背景下较早开始市场化进程。企业文化发达、企业竞争、企业发展、企业创新等思想成为东部地区企业家的管理理念，经济增长速度较快。但是欠发达地区由于所有制改革进程滞后于东部地区，企业思想观念落后，缺乏能够把资源有效组织生产的真正企业家；中西部等欠发达地区市场过于狭小，在地理、交通和政策上也没有东部地区的出口优势，而地区之间存在严重的地方保护主义，区域之间市场分割现象严重，企业无法在生产上达到规模经济。中西部等欠发达地区经济缺乏活力，增长方式在很大程度上依靠政府投资拉动，政府投入资金对民间投资和消费扩张的推动作用有限，对当地经济增长贡献的持续性低。可见，经济发展程度差异和区域经济增长方式导致了区域投资收益率存在较大差异。

东部发达地区的资本边际产出高于中西部等欠发达地区资本边际产出。李海峥、赵敏强（2006）根据简单生产函数模型对我国1978—2003年的要素边际产出进行估计，得出了资本边际产出时间序列。在改革之前，东部沿海省份的资本边际产出几乎达到其他三个地区的两倍，而另三个地区的资本边际产出基本上相同。尽管经过20多年的改革，各个地区的资本边际产出还是远远低于沿海地区。武剑（2002）对我国1995—2000年的区域投入产出比进行计算，东部地区的国内投资效率为1.335，中部地区的国内投资效率为1.244，西部地区的国内投资效率为1.123。也就是在各个地区同样投资1元，东部地区可以增加0.335元的国民收入，中部地区可以增加0.244元的国民收入，西部地区可以增加0.123元的国民收入。可见，各个地区的投资效率存在明显差异。

同样，不同区域的信用环境也存在明显差异。在企业改革之前，欠发达地区企业负债率普遍过高、亏损严重，欠发达地区企业长时间习惯于依赖商业银行贷款资金，但信用状况普遍较差，甚至通过破产、兼并、分离、重组等途径逃废银行债务。尽管所有制结构进行了改革，但是有效的市场机制尚未建立，商业银行在欠发达地区的贷款风险仍然较高。从各个地区的不良贷款率可以看出，欠发达地区的不良贷款率明显高于发达地区。

2. 资本收益率和不良贷款率存在差异

因为东部地区有着信贷成功率高、资金收益大等方面的优势，信贷公司更加乐意把资金投资给发达地区的公司，以此来谋求更高的利益，并且能够对风险的规避做到最大化。不仅如此，对于中西部地区来说好的投资项目也存在着一定的欠缺,这就导致了即使中西部地区在同样宽松货币政策的前提之下,资金的流入量也无法做到与东部相比。当然还有另外一种情况,那就是中西部地区经济发展不充分的地区在经济扩张时,欠发达地区在经济扩张时会把本应用于生产的资金贷款之后转手投入股票市场和发达地区的房地产市场,追逐资产价格上涨的高收益。东部地区企业获得了较多的资金,对于东部地区经济增长具有较强的正向效应;但是这样的资金流动过程却抑制了欠发达地区的经济发展。

在货币政策紧缩阶段,中西部欠发达地区自身的可贷资金相对收缩,相对货币政策扩张阶段,资金的跨区域流动相对扩张阶段将会减弱。整个银行体系出现信贷紧缩的局面。此时的东部地区企业由于过度扩张出现资金链断裂等风险,受到的资金压力加大,相对于资金供给而言,东部地区的需求更难获得满足。因此,货币政策紧缩对东部地区产生负向效应较大。从正向冲击和负向冲击的综合效果来看,东部地区的货币政策效应显著高于中西部欠发达地区。

在紧缩的货币政策下,东部地区扩张的资金将受到明显的制约,而中西部欠发达地区经济本身的有效需求不高。对于中西部欠发达地区银行,中西部欠发达地区缺乏高收益低风险的好项目用于贷款。相对来讲,资金反而比东部地区宽裕。当货币政策导致流动性趋紧时,东部地区商业银行开出银行承兑票据后,进行贴现的大部分都是中西部欠发达地区商业银行。这一方面说明东部银行的资金可以投向更高收益的项目,贴现对于东部沿海地区银行不是收益最大化的业务;另一方面说明西部银行的资金比较富余,贴现对于中西部欠发达地区银行比在本地贷款的风险小或者比本地贷款投资收益率高。

因此,尽管东部地区的贷款在宽松的货币环境下增长快于中西部欠发达地区,但是在流动性趋紧时,东部发达地区的资金紧张程度将高于中西部欠发达地区。

(三) 企业的异质性

1. 企业面临的社会责任不同

治理结构和公司特征因素的差异,货币政策对企业投融资活动的影响存在不同的作用与效果。在经济周期变化的过程中，小规模的公司利息保障倍数对投资的影响存在非对称性；在经济低迷时期两者的敏感性较高。

相对较成熟的市场经济体而言，转型经济体由于在法律体系、市场交易和产权保护等一系列基础制度上的缺失与滞后，通过企业产权的政府控制，至少是保障企业资源配置效率的一种次优制度安排。然而，与民营企业单一的最大化目标不同，除经济效率之外，地方政府还需要国有企业实现社会稳定、就业保障、公共服务和集团私利等目标。因此，国有企业将承担较多的社会性职能，从而形成政策性负担。政策性负担增加了国有企业的额外成本，与没有或者较少承担社会目标的民营企业相比，国有企业在竞争中的成本较高，可能导致政策性亏损。在企业陷入财务困境时，地方政府将为国有企业提供融资的政策支持，国有银行与地方金融机构将优先把信贷资源配置给国有企业，这会导致在货币政策处于紧缩时期，也不能增加国有企业的融资敏感性。

进一步，由于政府委托人与国有企业代理人之间的信息不对称，政府无法判断企业的亏损究竟是源于政策性负担还是管理者的委托代理风险问题。为了维持国有企业继续履行多重任务的职能，只好为亏损企业提供信用担保、财政补贴与融资支持，导致了预算软约束的产生。预算软约束的存在使货币政策变动时，国有银行信贷要求的变化不能根据国有企业债务人的风险作出相应的调整，造成了货币政策对国有企业和非国有企业传导效果的差异。

2. 融资领域的所有制歧视差异

目前比较热门的混合所有制经济、鼓励与带领民营资金参加国有企业改革以及进入相关行业的政策。在 2005 年和 2010 年，国务院先后共出台了"新旧 36 条"①，尝试鼓励支持非公有制经济发展、允许和引导民间资本进入垄断行业。但遗憾的是这些努力似乎收效不明显，一方面是中央企业、地方国有企业参加投资或是收购民营的上市企业，另一方面是国有资金从

---

① 2005 年出台的《国务院关于鼓励支持和引导个体私营等非公有制经济发展的若干意见》和 2010 年出台的《国务院关于鼓励和引导民间投资健康发展的若干意见》通常被合称为"新旧 36 条"。

有竞争性的行业中退出。很多地区的中小型国有企业基本上全体跟风将其制度改成非公有制。

国有企业的改革、混合所有制体系的经济已经有 10 多年没有较大的突破，这期间最大的问题出在所有制歧视中，在此歧视之中，民间的资金很难得到相对公平或是均等的机遇，随处可见的不合理的市场准则导致竞争环境无法公平。与此同时，民间资金的合法权益没法获得保证，同股不同权、同股不同价，民间资金存在较大的流失情况。在所有制的歧视之下，政府不断给予的诚心以及出台的相关措施难以全部转变为红利，行政机关滥用职权使得民间资金越来越少。在所有制的歧视之下，国有资金的投向已经慢慢偏离国土安全以及国家重点行业与关键范畴，存有比较过分的市场化以及过分追求利益的趋势。在所有制的歧视之下，民间资金对于新一轮混合所有制的发展潮流，还都保持着担忧以及观望的状态，有较多的民营企业家已经有了一种过分谨慎的心态。

因为各种所有制的歧视存留，民间的经济发展前景堪忧，这也致使民营企业的发展速度具有一定的局限性。所以私营企业的发展速度比不上政府推行的政策带给国有企业变化的速度。

三、金融发展水平的差异

货币政策通过信贷渠道的传导离不开金融机构，金融机构起到了"毛细血管"的作用，不同地域金融机构的发展存在较大的差距，这就使货币政策在外部传导机制产生的效应不同。我国东部地区产生的效益要远大于西部地区，其对资金的需要不光可以从银行贷款得到，而且可以通过资本市场、外资等方式得到所需，而西部地区的资金来源主要还是依靠国有金融。这种融资渠道的区域差异使东部地区货币政策调控的反应弱于中西部地区的反应，造成统一货币政策传导机制效应的区域差异。我国商业银行总分行制度使货币政策外部传导机制效应出现区域差异化，现有资金管理制度客观上有利于东部地区，不利于中西部地区货币政策传导，如果中国人民银行出台提高存款准备金率、利率、再贴现率等措施，或者在公开市场上回收资金，处于利益最大化考虑，那么商业银行总行将一方面严格基层银行的信贷责任，另一方面通过各种途径将中西部地区资金转投向东部地区以获取最高、更稳定收益，这样使中西部地区资金更加紧张。货币资金具有追逐利润的"天性"，资金将由资金利润率低的地区流向资金利润率高的地区，资金利润率高可以看成是金融价格，区域间金融价格的差异使区域间产生资金流动，我国区域间资金流动具有不同于完全市场经济条件下资金流动的特征，它是东部地区遇到紧缩性货币政策时有更大的缓冲余地，遇到宽松货币政策时物价率先上涨，而中西部地区的资金难以为当地经济发展服务，一直存在缺乏资金支持和资金流失严重的问题。另外，我国先天区域文化的差异和后天经济发展水平的差异使我国区域经济主体金融努力程度存在差异，东部地区经济主体金融努力程度高，金融观念和意识较高，甘于承担风险和追逐收益，资产多元化程度高，面对货币政策调控能够理性分析和思考、积极相应，因此货币政策传导在东部地区能够得到更好的配合，效果也比中西部地区要好。

第九章

主要结论和政策建议

第九章 主要结论和政策建议

第一节 主要结论

本书从投资的宏观、中观、微观层面，研究多种货币政策工具对其产生的组合效应和特质效应，宏观层面是从总的固定资产投资层面，中观层面是从产业投资和区域投资的层面，微观层面是从企业投资的层面。货币政策工具选取的是数量型货币政策工具、价格型货币政策工具和创新型货币政策工具，得出如下结论。

第一，从宏观层面来看，多种货币政策工具对全社会固定资产投资的影响，从多种货币政策工具对全社会固定资产投资的组合效应来看，多种货币政策工具组合会减弱全社会固定资产投资的波动，并且创新型货币政策工具对全社会固定资产投资具有较好的组合调节效应。价格型货币政策工具，最不明显的是数量型货币政策工具；当多种货币政策工具单独作用的时候，数量型货币政策工具货币供给量 M2 的效果最好，其次是货币供给量 M1，货币供给量（M0）的效果不明显；价格型货币政策工具隔夜利率（gy）的冲击效应较大，说明隔夜利率有较好的特质调节效应；创新型货币政策工具常备借贷便利（SLF）和中期借贷便利（MLF）都能较好地反映其特质效应。

第二，从行业层面来看，价格型货币政策工具组合因子和创新型货币政策组合因子对 66 个行业固定资产投资具有较好的组合调节效应，但是数量型货币政策组合因子的组合调节效应不明显。从 3 种货币政策工具的特质效应来看，针对数量型货币政策工具，M2 对 66 个行业固定资产投资的特质调节效应最明显；针对价格型货币政策工具，隔夜利率（gy）除对教育和卫生及社会保障和社会福利业的投资没有起到调节效应外，对其他 64 个行业的投资起到较好的特质调节效应；针对创新型货币政策工具，常备借贷便利（SLF）和中期借贷便利（MLF）都能对 66 个行业起到特质调节效应，但中期借贷便利（MLF）的特质调节效果最明显。

第三，从区域层面来看，数量型货币政策工具组合因子对区域冲击的组合效应不明显，价格型货币政策工具组合因子和创新型货币政策组合因子对区域投资的组合效应比较明显，并且价格型货币政策组合因子具有较好的组合调节效应。从3种货币货币政策工具的特质效应来看，针对数量型货币政策工具，M0、M1、M2对区域投资的调节效果都比较明显，差别不大，特质效应效果最好的是M2；针对价格型货币政策工具，隔夜利率（gy）对区域投资的特质调节效果最好；针对创新型货币政策工具，常备借贷便利（SLF）和中期借贷便利（MLF）对区域投资的特质效应都不太好。

第四，从企业层面来看，价格型货币政策工具组合因子和创新型货币政策工具组合因子对企业投资起到了较好的调节效果，并且价格型货币政策工具组合因子的调节效果更明显。从3种货币政策工具的特质效应来看，针对数量型货币政策工具，M0、M1、M2对企业投资都起到了调节效应，其中M2的特质效应最好；针对价格型货币政策工具，隔夜利率（gy）对企业投资起到了较好的调节效应；针对创新型货币政策工具，中期借贷便利（MLF）对企业投资的调节效果最好。

第二节　政策建议

成熟的市场经济国家在经济一体化的过程中，货币政策是调节经济的最重要的手段之一。我国的货币政策在符合我国现阶段国情的基础上，逐步修正中国人民银行现行的统一的、无差异的货币政策模式，注重货币政策和各类经济主体结构属性的差别之间的协调性，在金融调控过程中能兼顾不同经济主体的经济利益；从经济角度和现实体制出发，逐步采取差异化，符合各个维度经济主体发展规律的货币政策，以抑制经济发展的不平衡。

以此书作为研究基础，我们可以知晓实施货币政策时具有的不平衡性是必然的。不同属性的经济体的构造和属性都并不一致，于是作横向比较时，每个经济体的经济构造和属性的差别也会对货币政策有不同程度的反响。实际上，在最近10余年国内才开始对货币政策进入市场化阶段进行较

第九章　主要结论和政策建议

为规范的操作，中国人民银行关于货币政策的工具使用还位于成长期，尤其是在货币策略的实际运用过程中还是存有很多行政干预方式以及其他的非市场方式运作的踪迹。除此以外，国内整个的经济体制的构造是相当复杂的，要有符合时期、审核限度的货币政策，还需要财政政策、地区政策、产业政策和各种法律法规的合作。

根据已有的实证分析的结论和理论模型，货币政策对不同的产业、不同的区域、不同的企业的投资存在差异是普遍存在的。因此，必须在研究的过程中采取适当的研究工具与方法，才能清楚地认识不同类型的货币政策工具对投资影响差异的本质原因，中国人民银行才能制定合理的货币政策，增强货币政策对国民经济调控的有效性。

第一，依据经济发展期间调节货币政策的频率与力度。货币政策的实行效果是有一定的滞后性的，正确地把控货币政策的范畴和频度。一方面需要保持之前的调整效果，另一方面要防范被调整的经济体在货币政策的影响期之后过度反应。中国人民银行在日后实行货币政策的进程中，应该完备货币政策的运作手段，防止在货币政策反映激烈的时段实行不恰当的调整控制而导致超出预期的反应。根据各个时期经济时期对货币政策的不同反应，有针对性地、灵活地制定相关政策，提高货币政策效率，实现货币政策的最终目标。

第二，适当发挥货币信贷政策的结构引导作用，进一步优化信贷结构。受制于投资收益率和回报周期等因素，社会资本在国民经济重点领域、薄弱环节和社会事业等方面参与热情相对较低。在控制好总量的前提下，货币政策可以在这些领域适当使用结构性工具为推动经济结构调整发挥一定的辅助作用。中国人民银行将落实好对普惠金融领域贷款达到一定标准的金融机构实施定向降准的相关工作。继续运用信贷政策支持再贷款、再贴现、PSL等工具支持金融部门加大对于国民经济的重要领域以及薄弱部分的帮扶力度。加大对于深度贫穷地域的扶贫帮扶力度。给全国推行信用贷款抵押以及中国人民银行内部的评测机构，把符合要求的小型企业贷款归入货币政策运行的合格担保品范畴。

第三，丰富货币政策工具，加强货币政策工具的灵活性。从传统的数量型货币政策工具、价格型货币政策工具和创新型货币政策工具对产业投资、区域投资和产业投资的组合效应和特质效应来看，数量型货币政策工具的调节效果在不断下降，随着金融创新的快速发展，M2 作为货币政策中介目标的可测性、可控性、与经济的相关性也在下降，因此要合理安排货币政策工具组合、期限结构和操作力度。依据不同行业、不同区域、不同企业对货币政策的反映程度，灵活适当地运用货币政策工具，持续加强操作的可预测性，把握政策的方向、节奏和准确度。

第四，完善货币政策的传输机制。目前，货币政策传输的主要途径就是通过银行。货币政策传输的途径太少就会使得货币政策的有效性受到影响，大型金融机构会偏向支持传统的经济部门，不利于经济转型。只有把通道做出来，政策才能传导下去。随着利率市场化和金融多元化的影响和作用下，信贷渠道传导效果被弱化，利率与资产负债渠道的传导作用被增强。探索和完善利率走廊机制，增强利率调控能力，进一步疏通中国人民银行政策利率向金融市场及实体经济的传导。增强金融机构自主合理定价能力和风险管理水平，从提高金融市场深度入手继续培育市场基准利率和完善国债收益率曲线，不断健全市场化的利率形成机制。

第五，加强宏观审慎监管政策与货币政策的协调。宏观审慎政策是对货币政策的有益补充，两者的协同互补能够有效应对系统性金融风险，把保持币值稳定和维护金融稳定更好地结合起来。中国人民银行将深入贯彻落实党的二十大精神，进一步完善宏观审慎政策框架，探索将影子银行、房地产金融、互联网金融等纳入宏观审慎政策框架，将同业存单、绿色信贷业绩考核纳入 MPA 考核，优化跨境资本流动宏观审慎政策，对资本流动进行逆周期调节。

第三节　展望

本书对货币政策工具对投资的影响进行了比较全面的研究，但是因为在主观上的认识限制以及对此问题的探究时间太短，于是对货币政策工具

第九章　主要结论和政策建议

对于投资作用的某些方面的问题没有能够实行细致的探究，还是有很多的不足之处等待未来的逐步深入。

虽然通过本书的研究，提出了多种货币政策工具对投资不同层面的组合效应和特质效应，对以后货币政策的实施具有相应的参考价值，但是在实际运作的过程中，实行差别化的货币政策还是有比较大的困难。

本书虽然对货币政策对投资影响的机理进行了分析，并提出了一些有价值的观点和想法，但是对本质原因的分析还不够充分，未来将会对该问题继续深入探究下去，这一研究必将是一个长期的充满活力和富有挑战的研究领域，希望未来能够对我国货币政策的理解和认识更为准确和全面。

附 录

附录1 货币政策工具组合因子对产业投资的脉冲效果

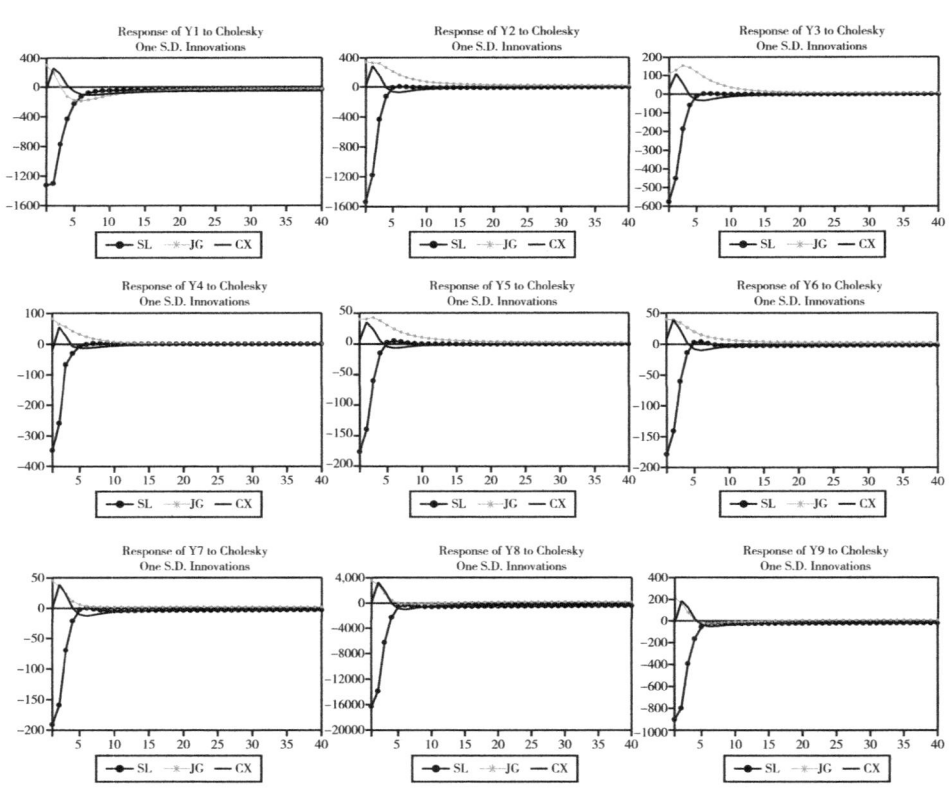

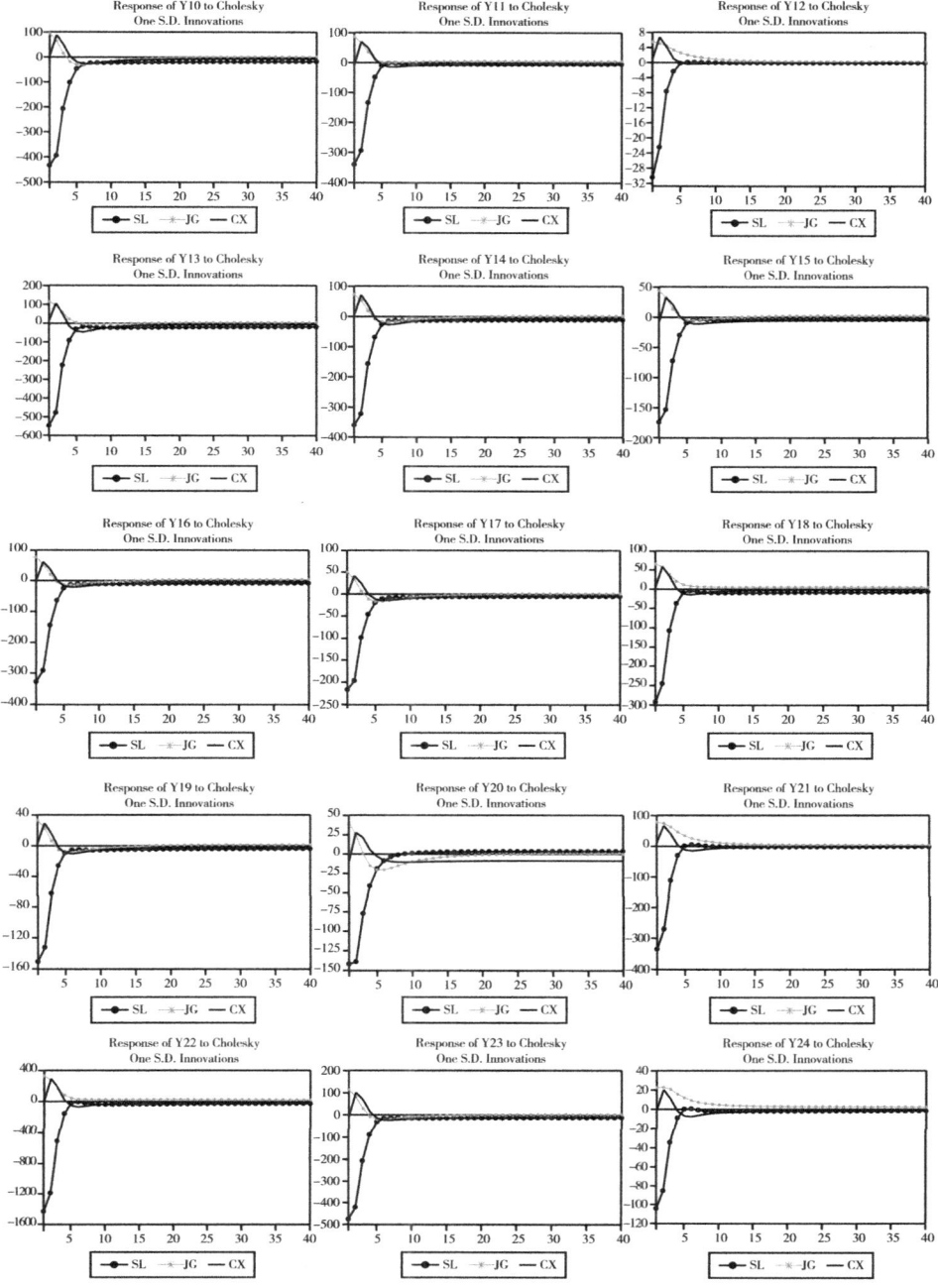

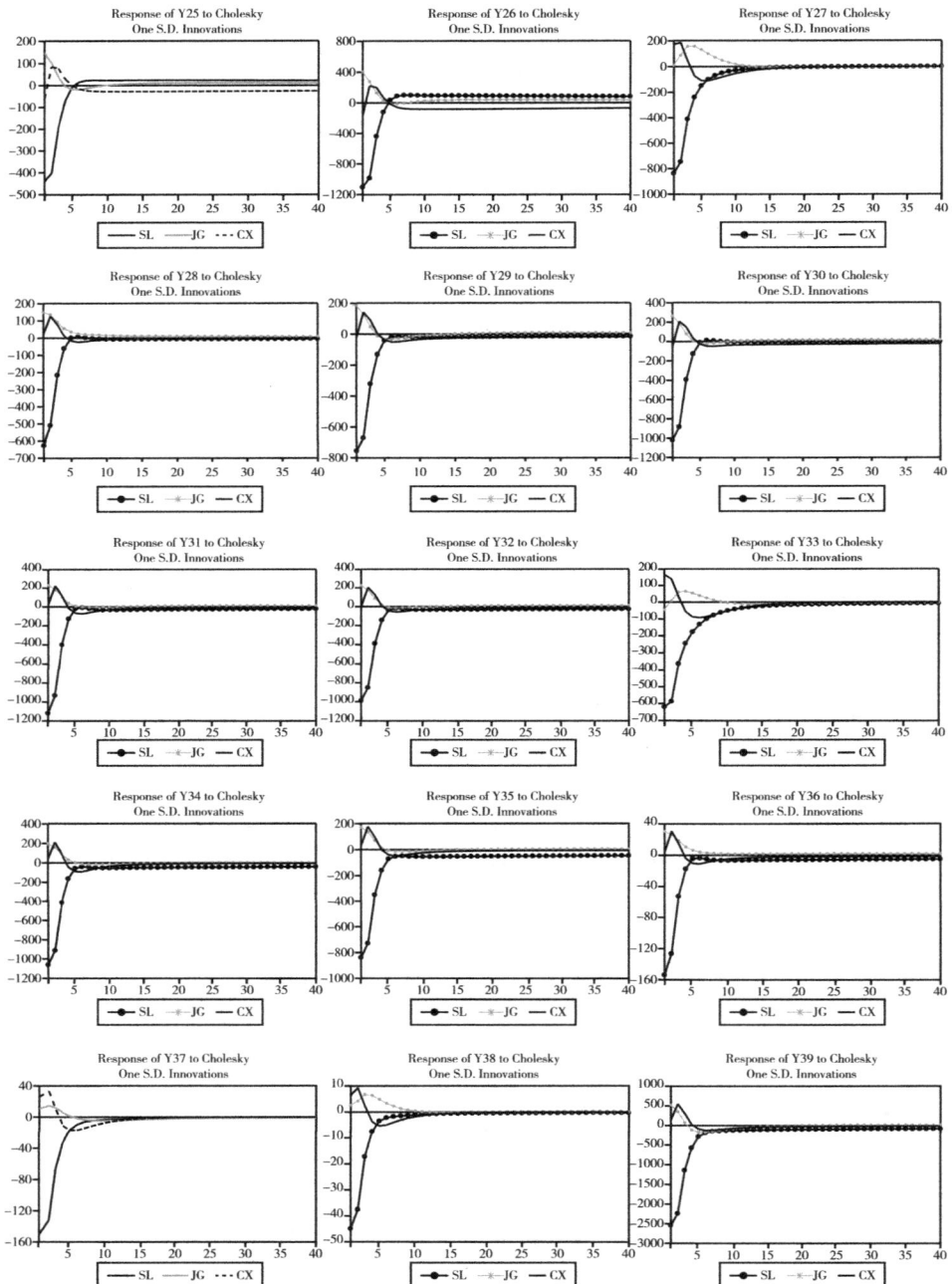

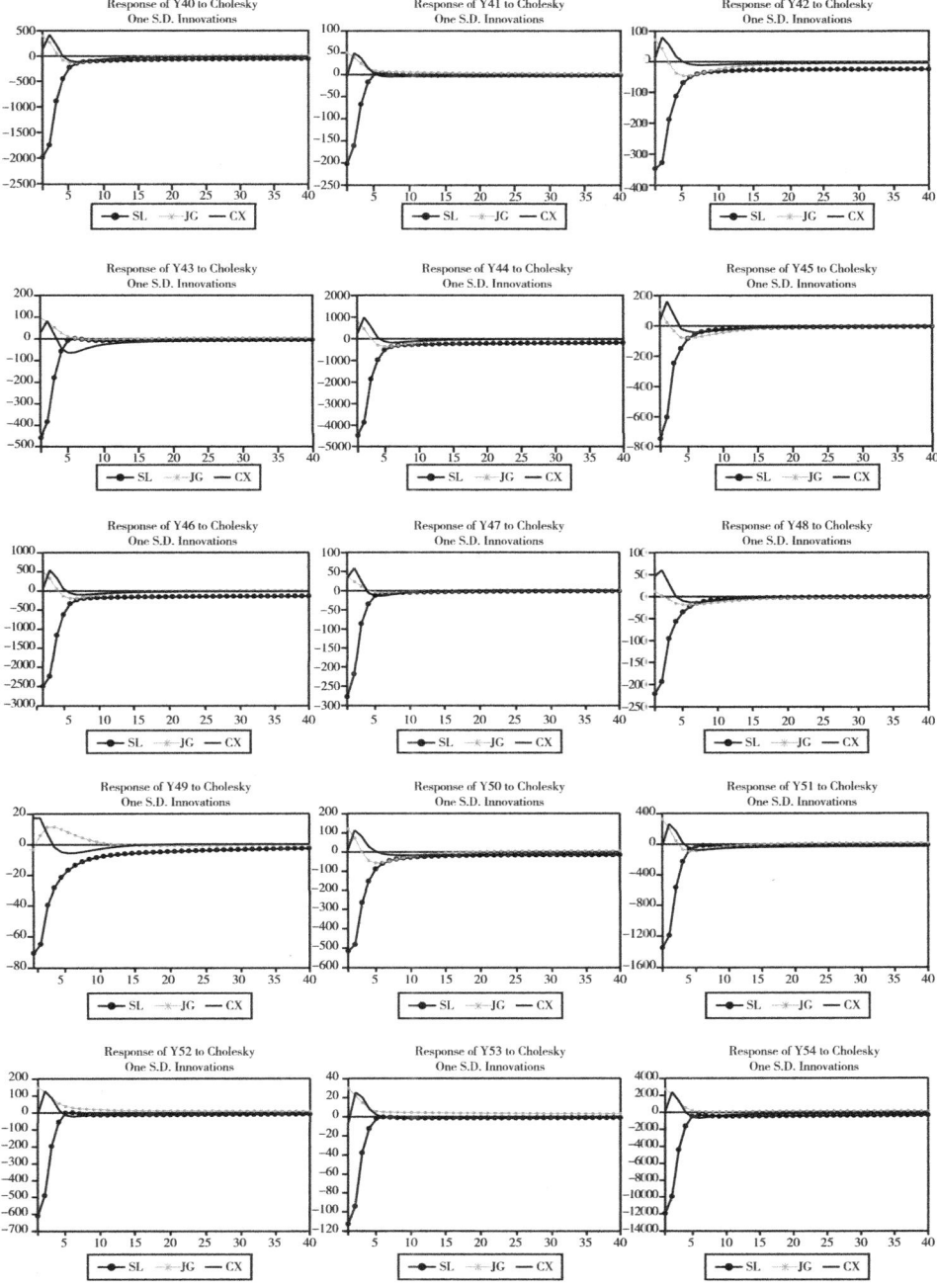

多种货币政策工具对投资的影响效应研究

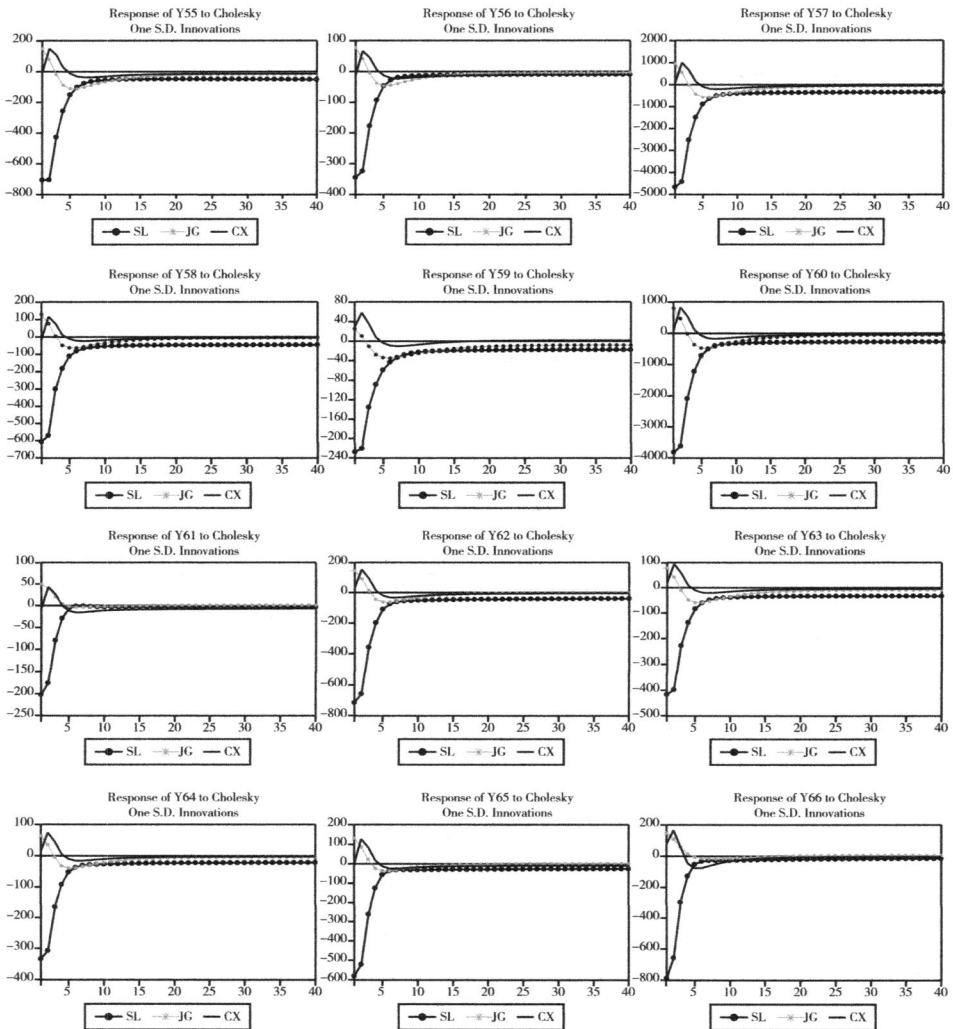

附录2 数量型货币政策工具对产业投资的脉冲效果

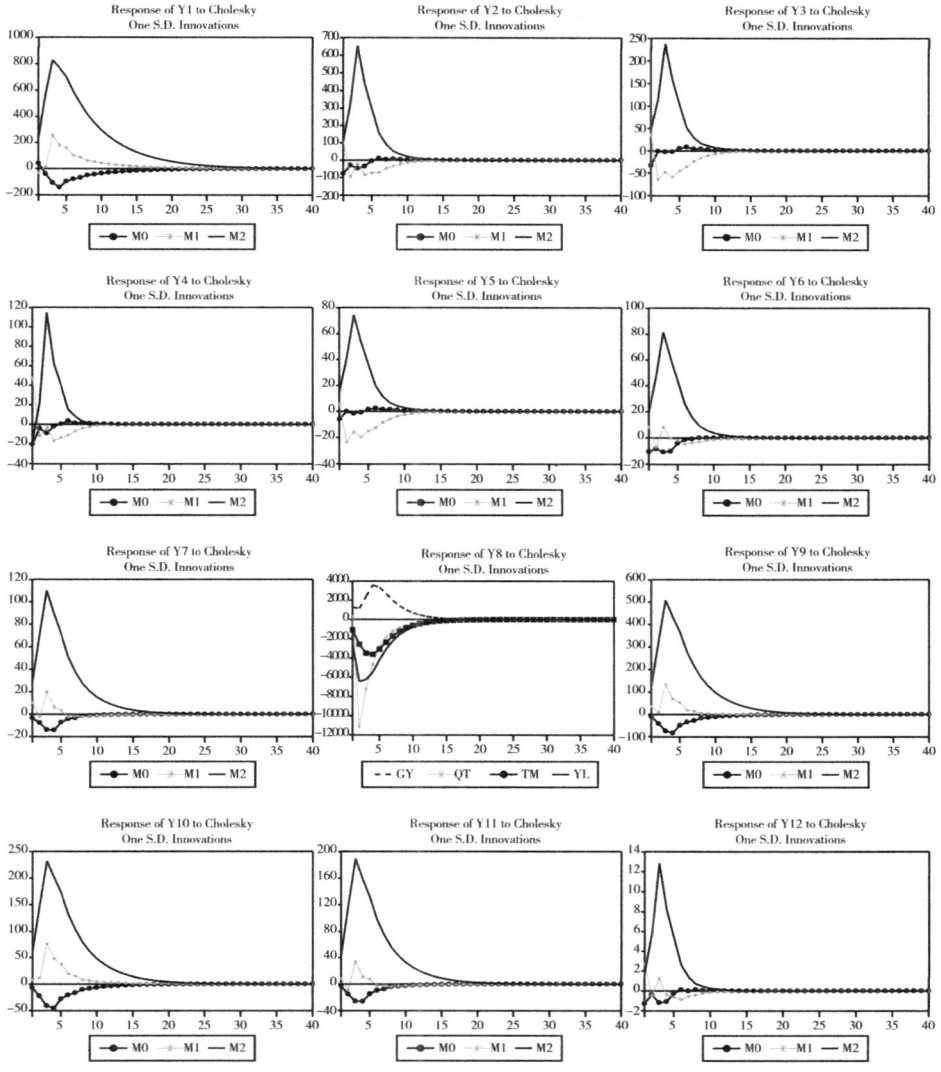

多种货币政策工具对投资的影响效应研究

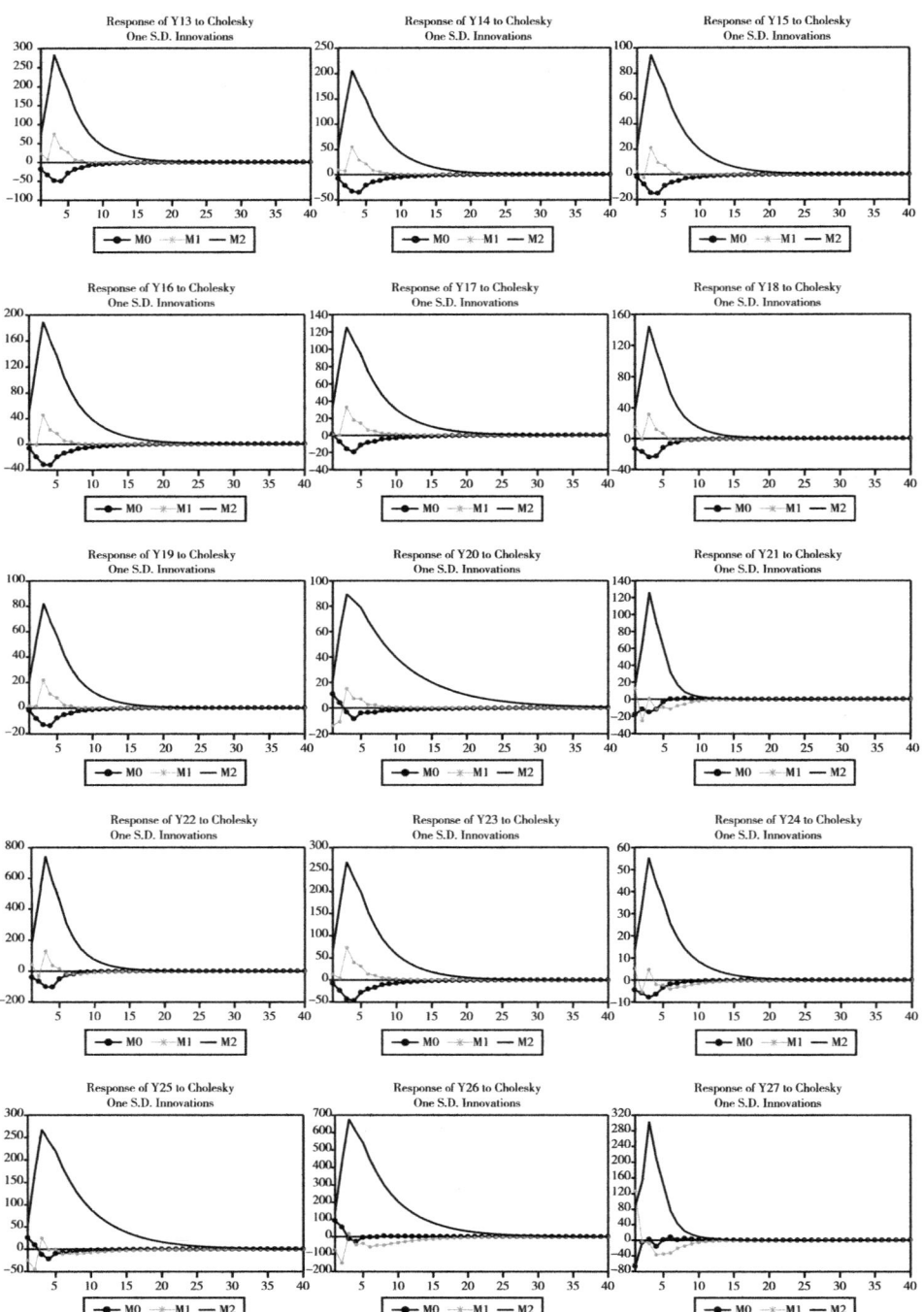

附 录

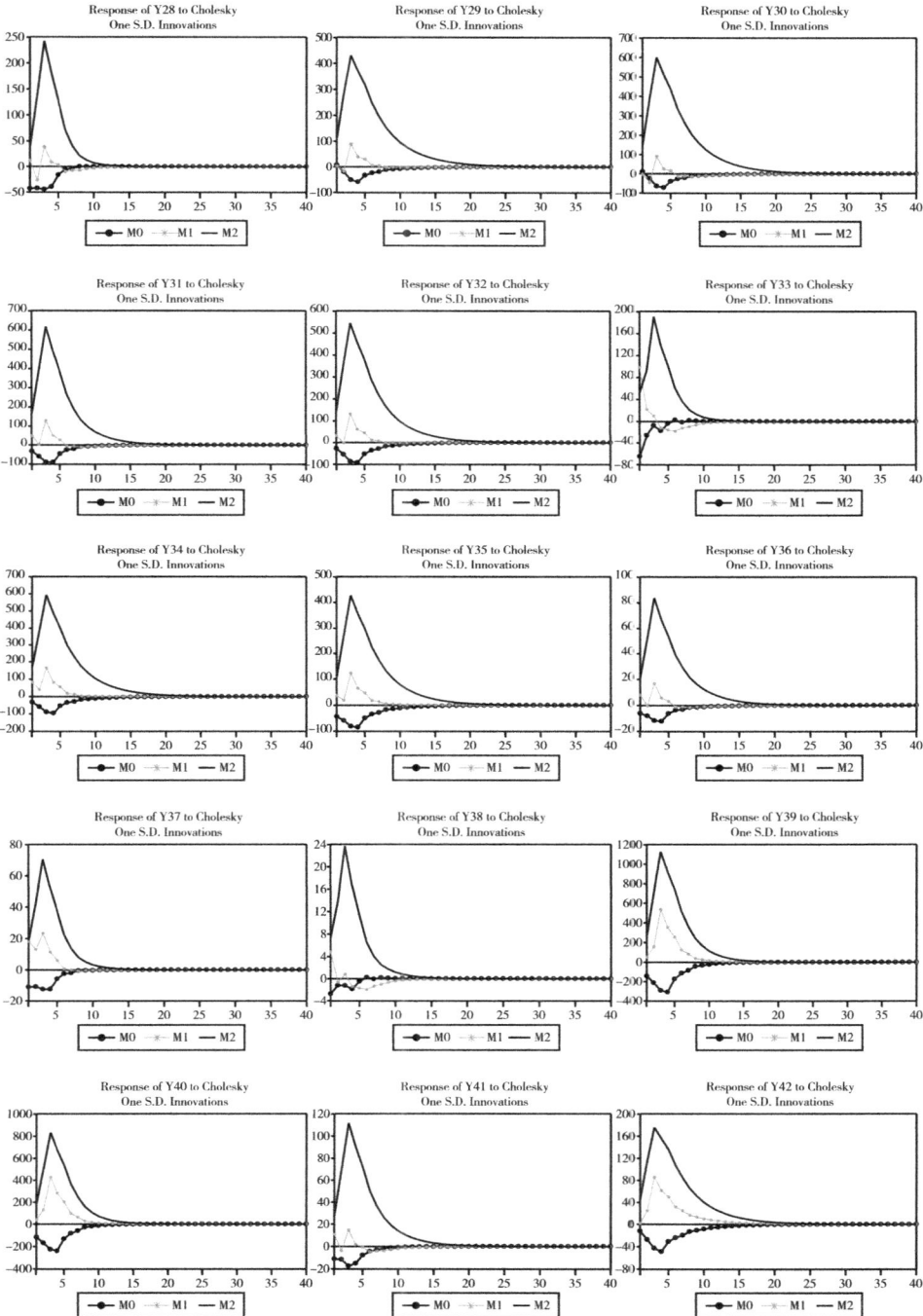

177

多种货币政策工具对投资的影响效应研究

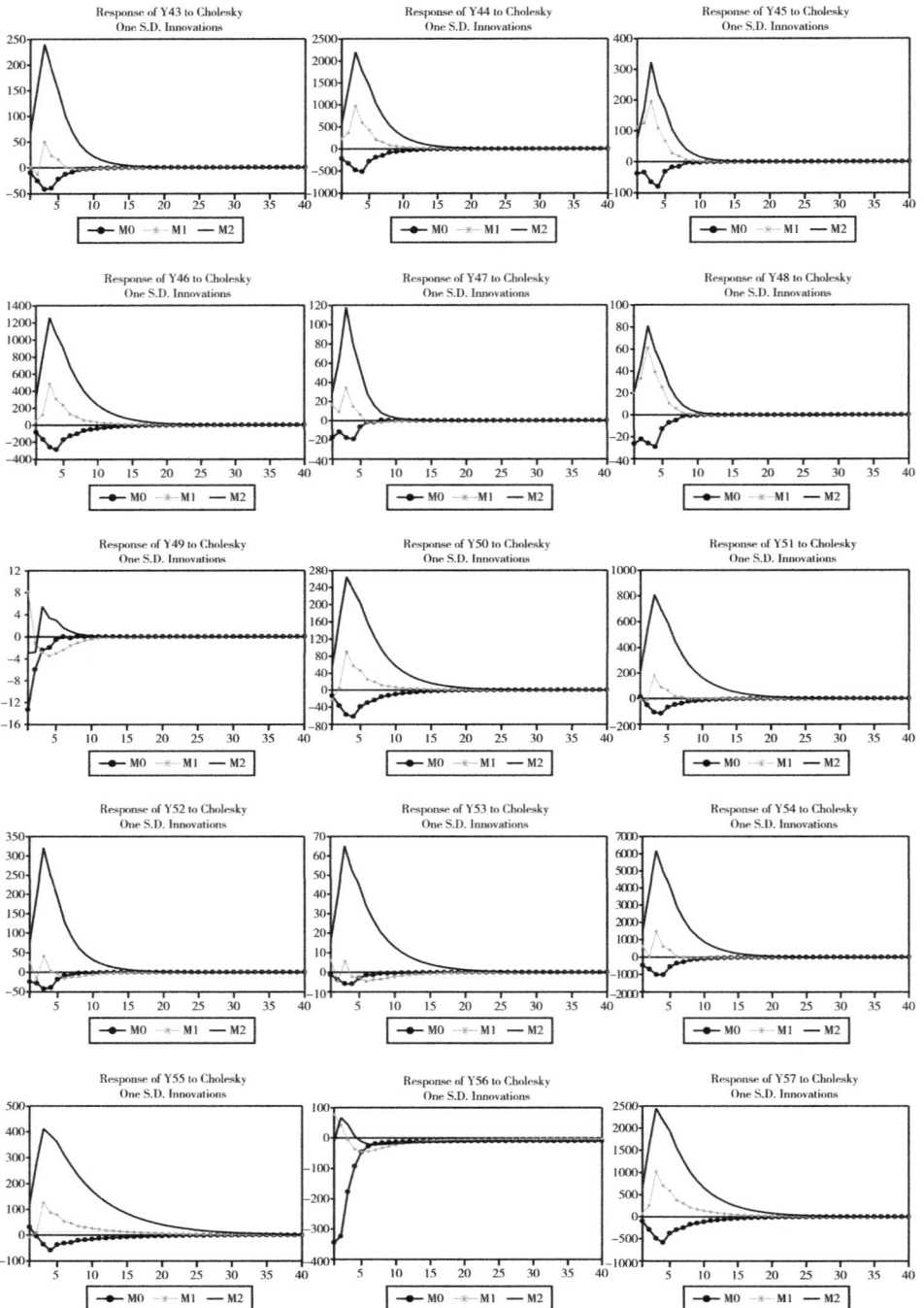

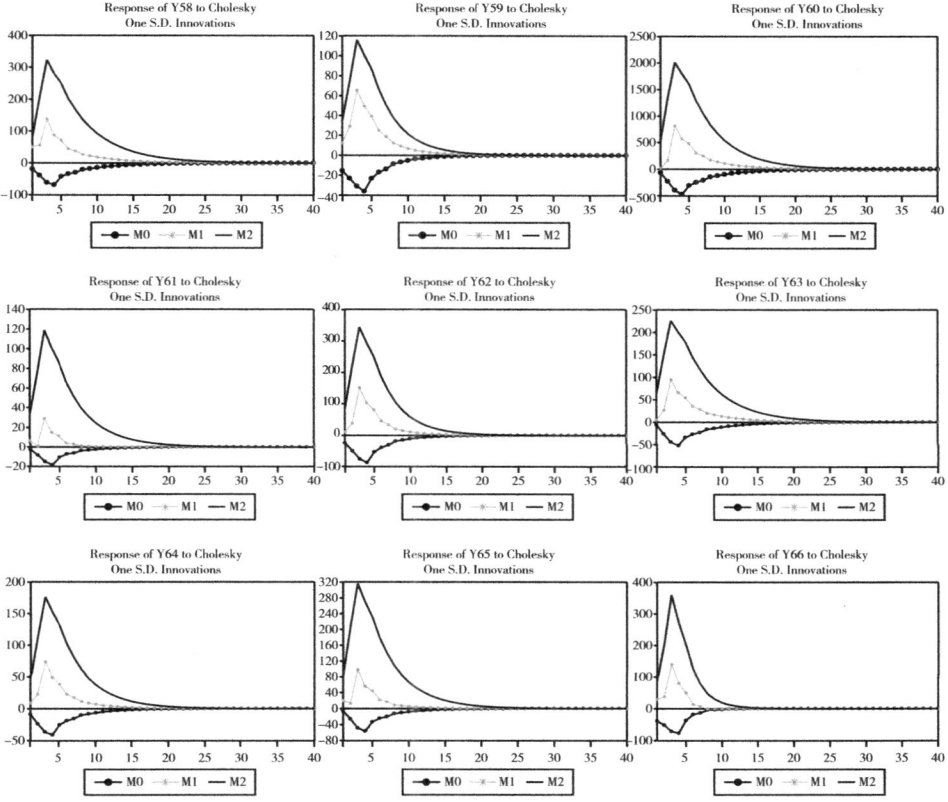

附录3 价格型货币政策工具因子对产业投资的脉冲效果

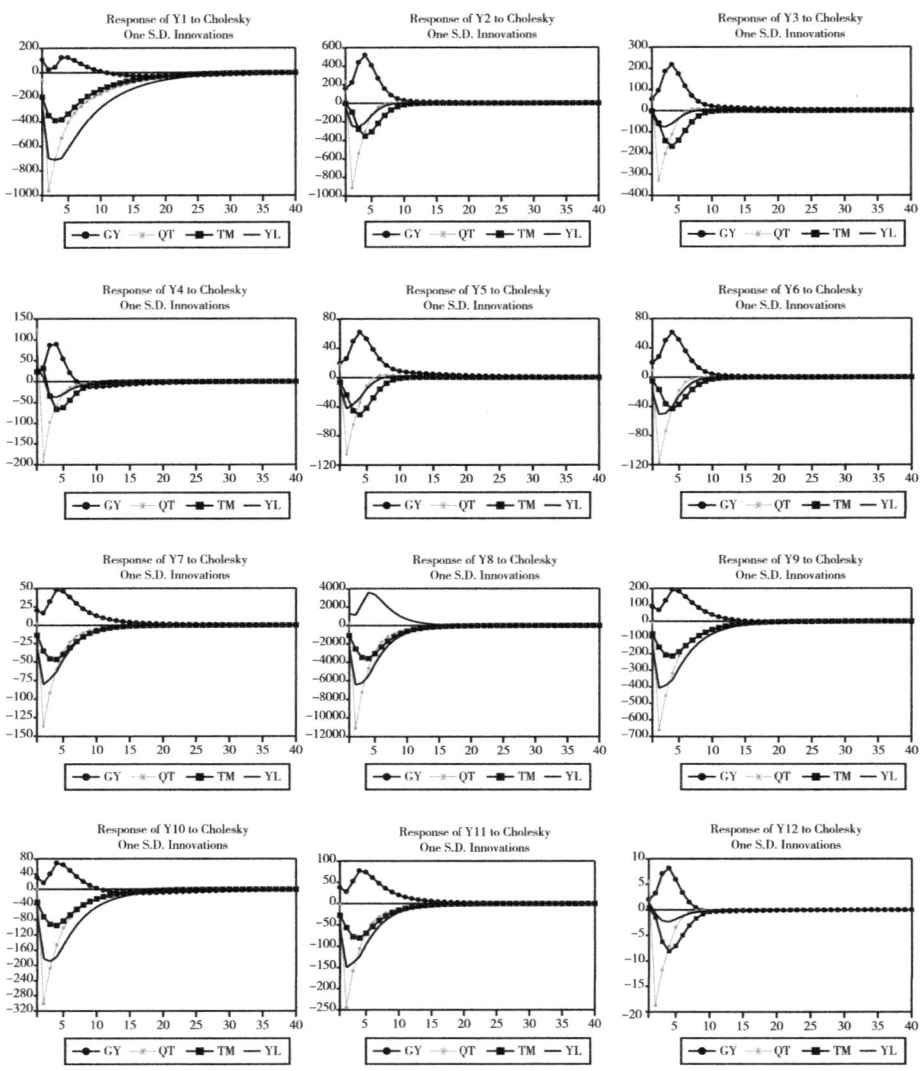

附 录

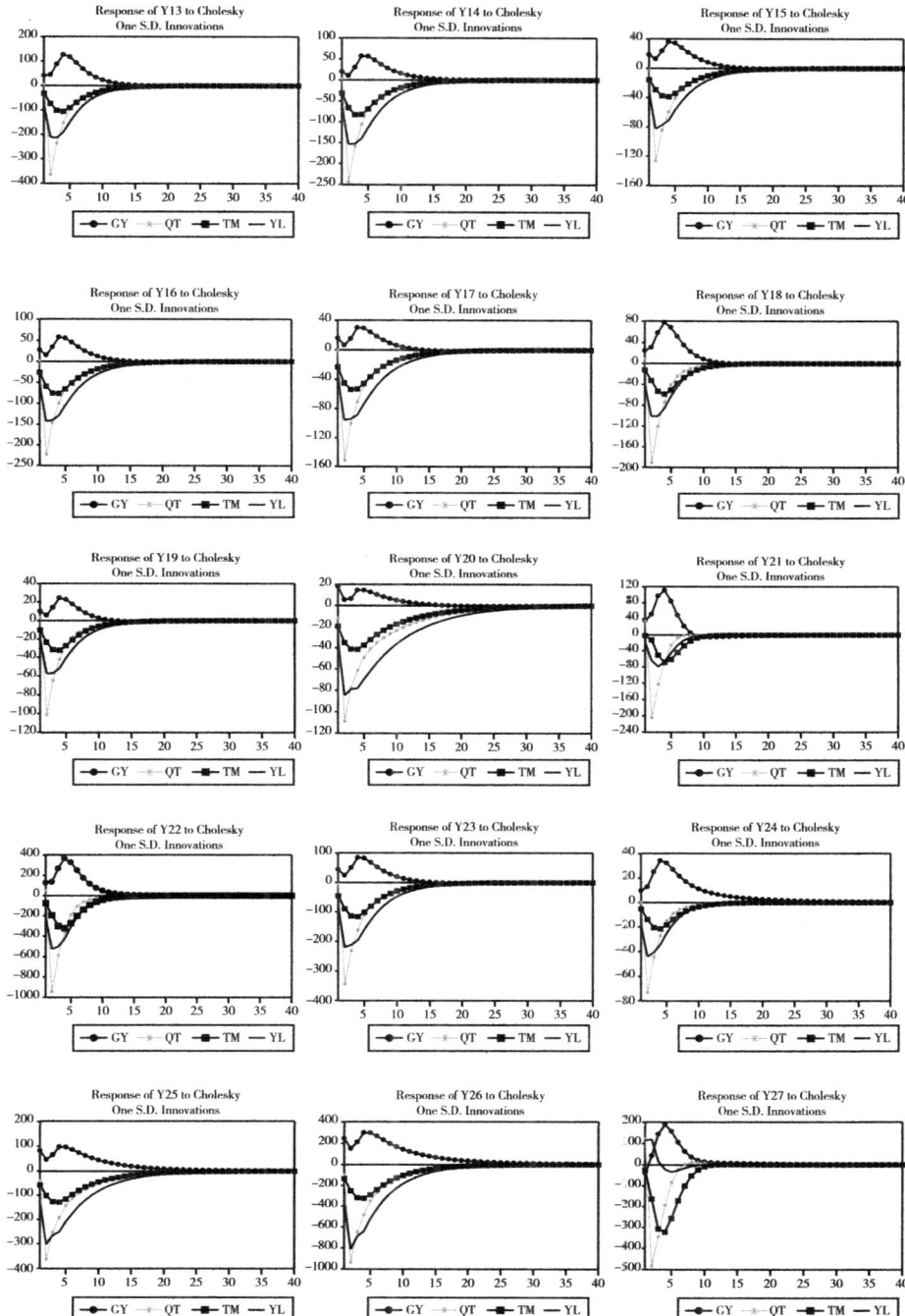

多种货币政策工具对投资的影响效应研究

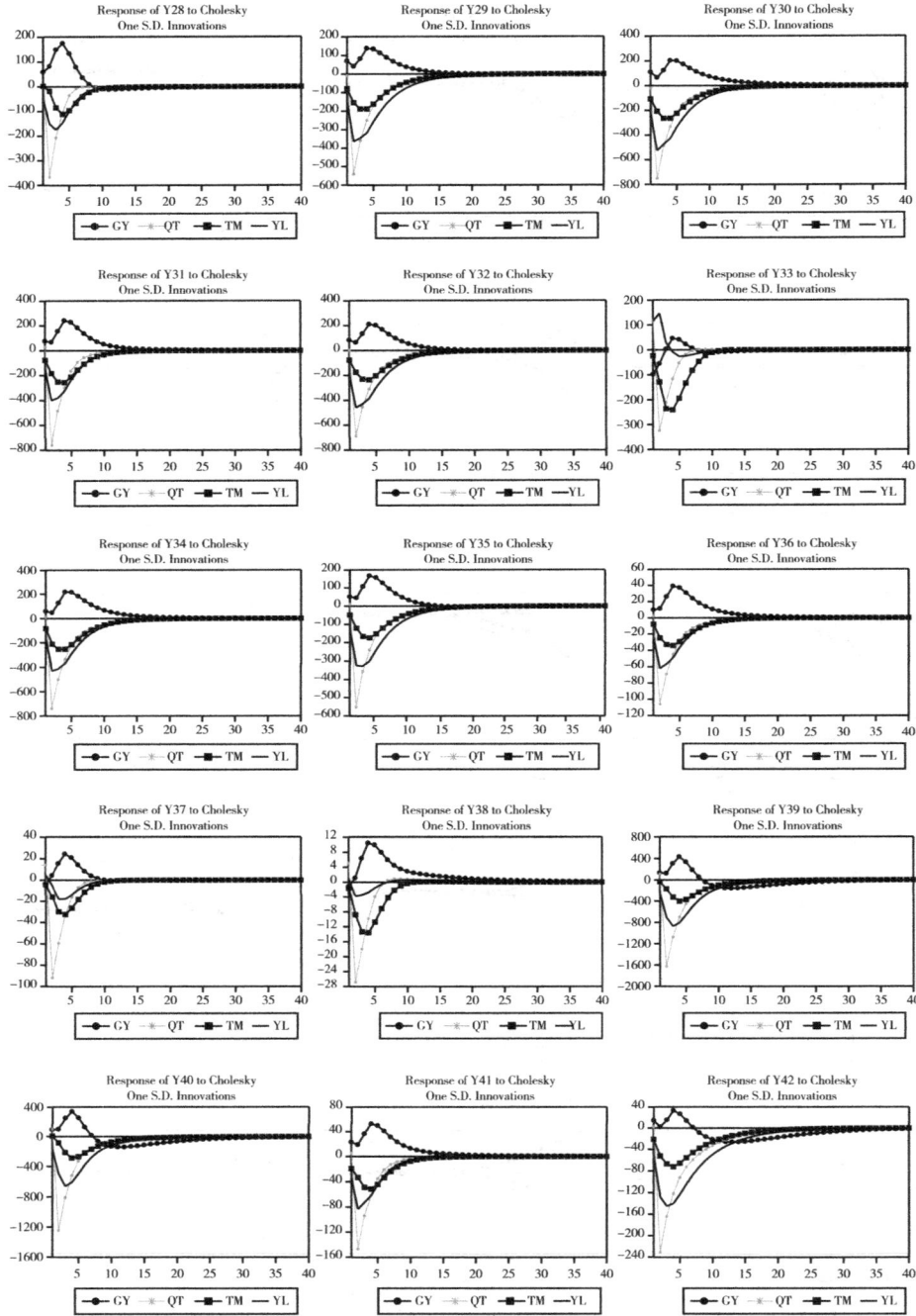

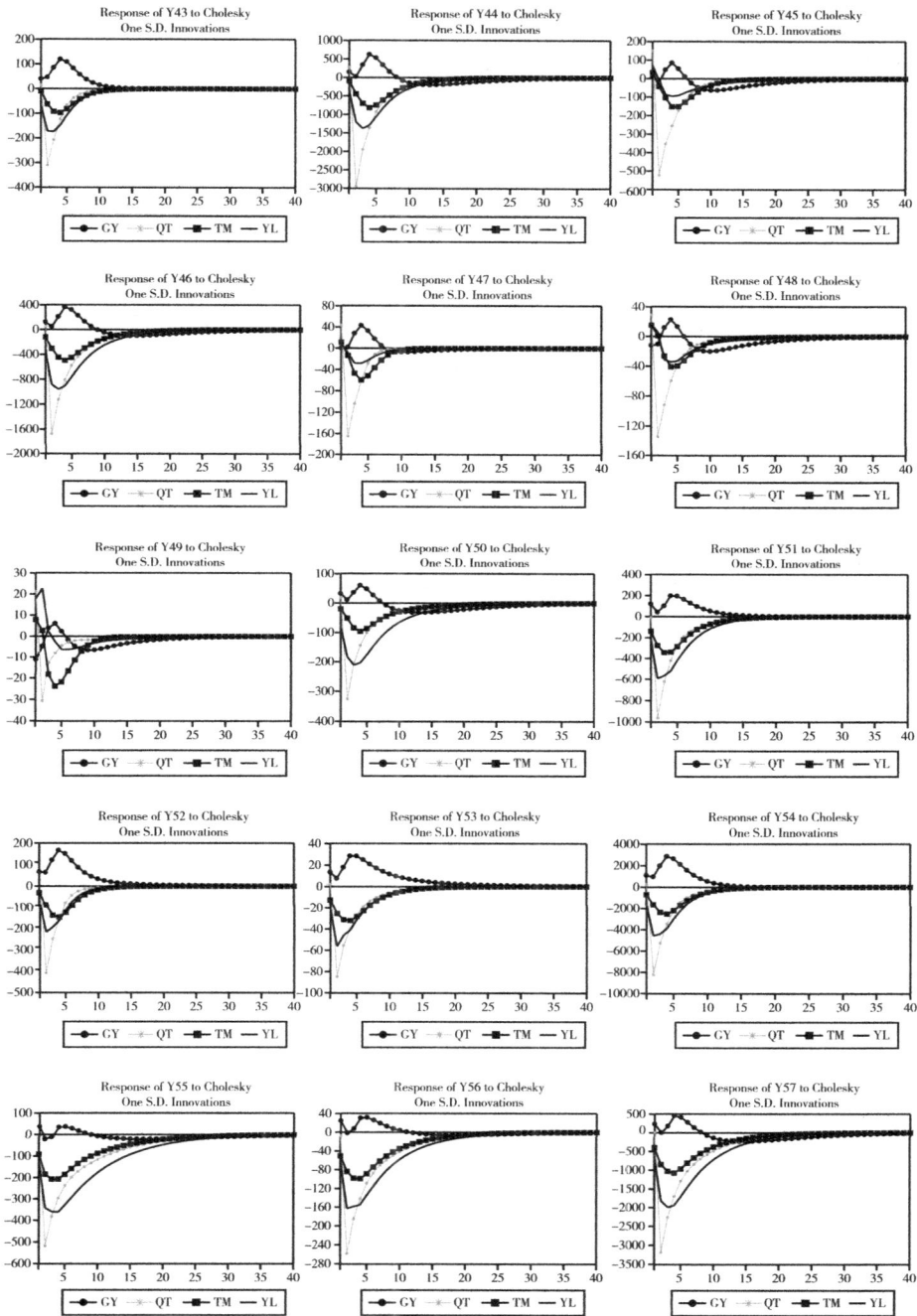

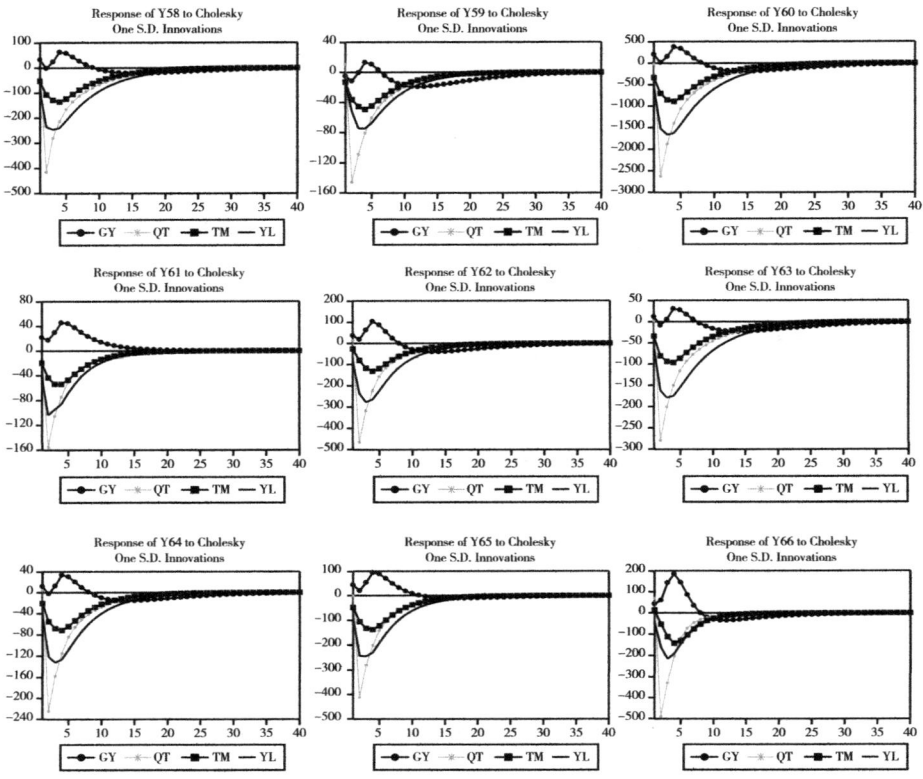

附录4 创新型货币政策工具对产业投资的脉冲效果

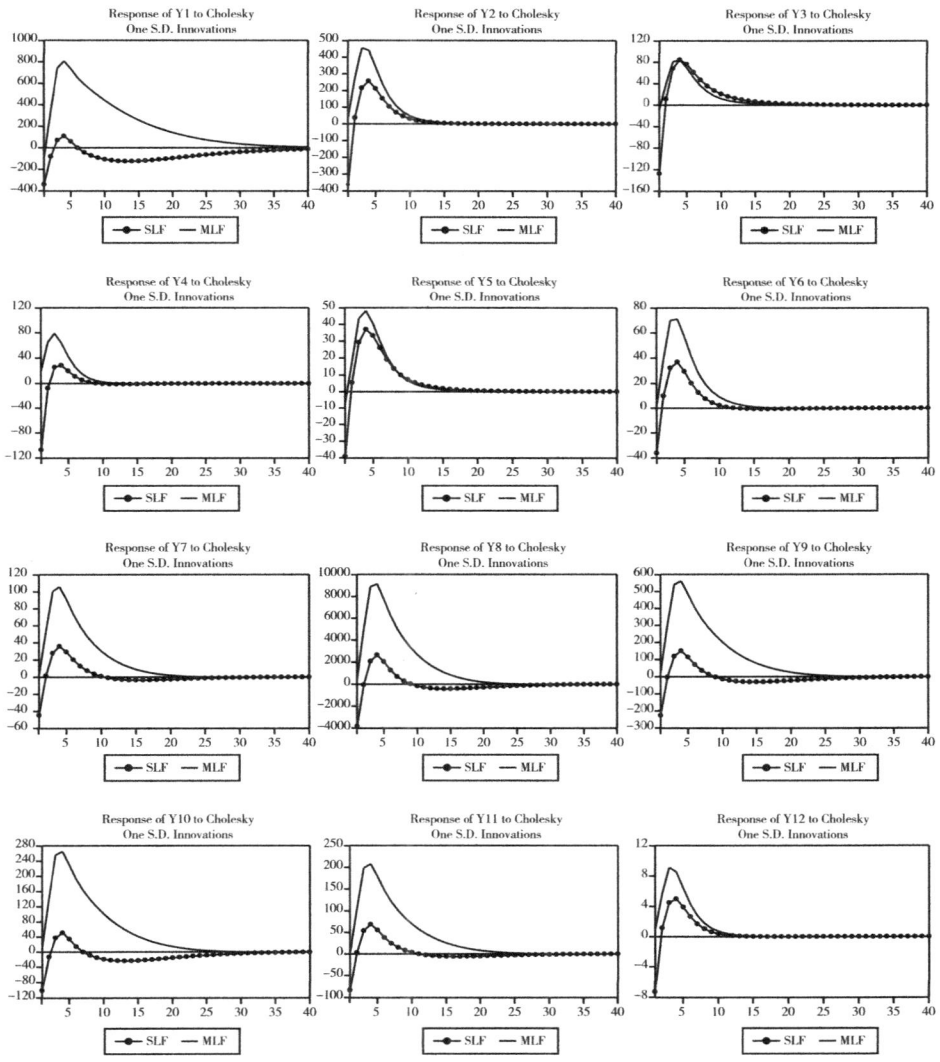

多种货币政策工具对投资的影响效应研究

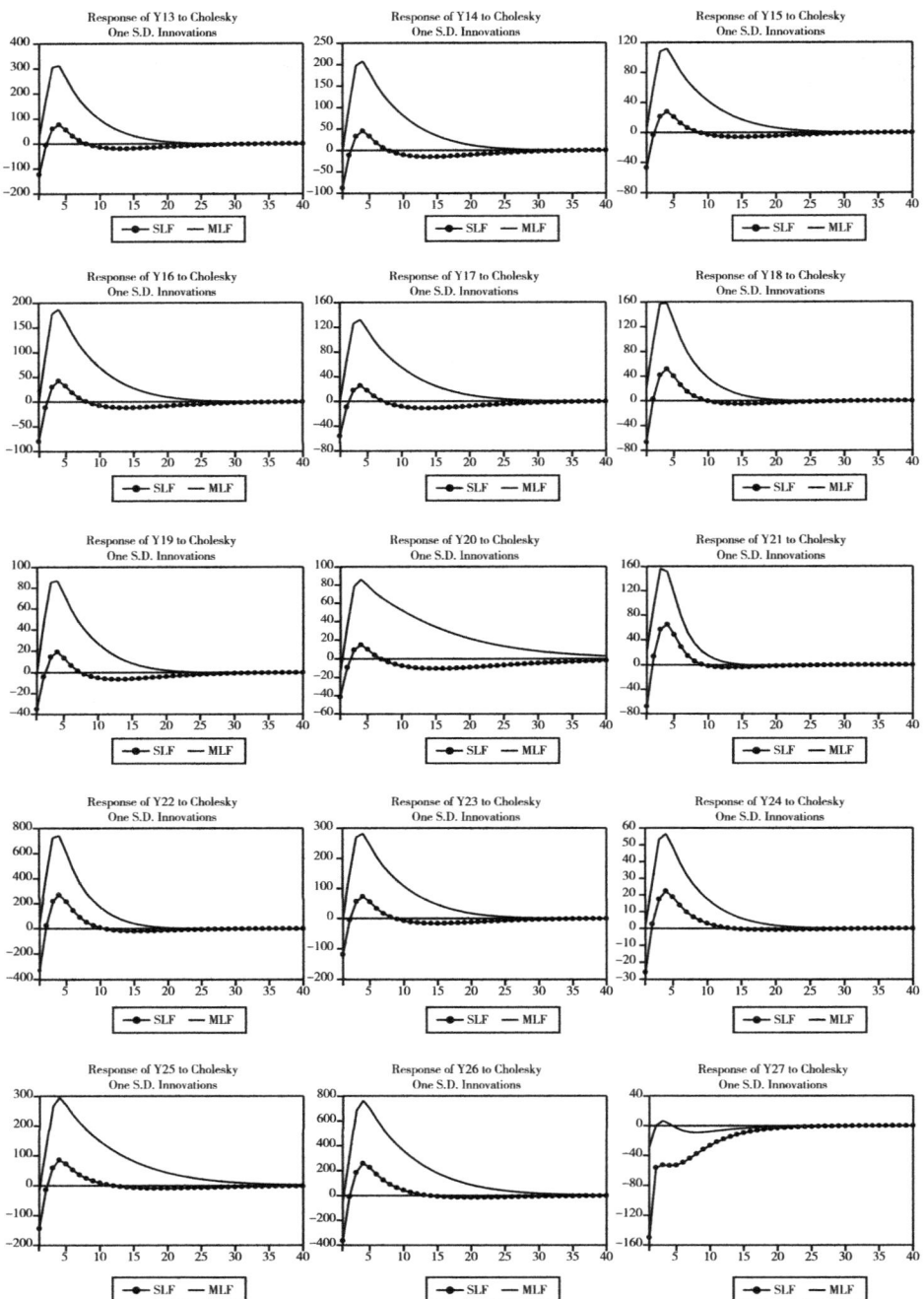

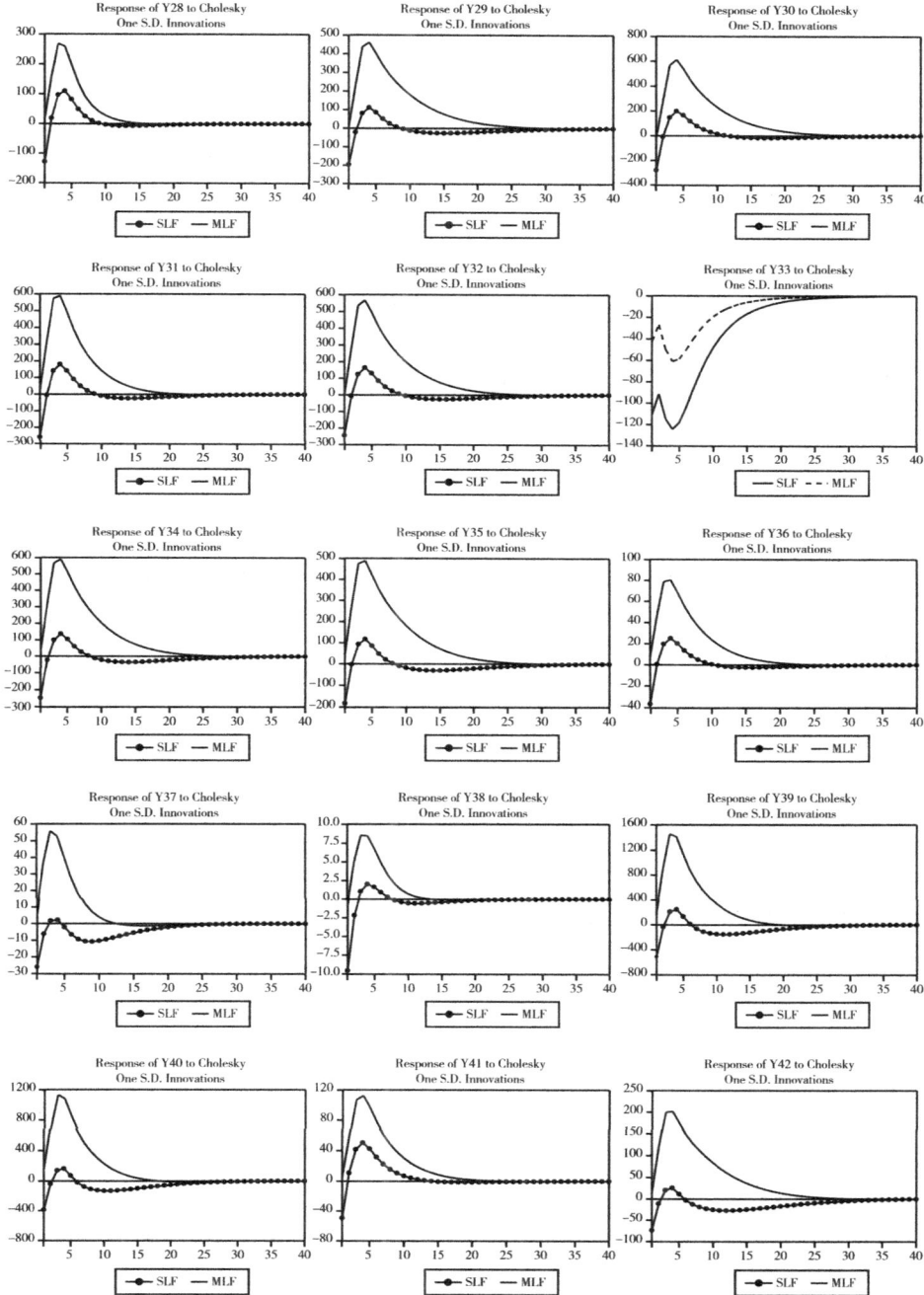

多种货币政策工具对投资的影响效应研究

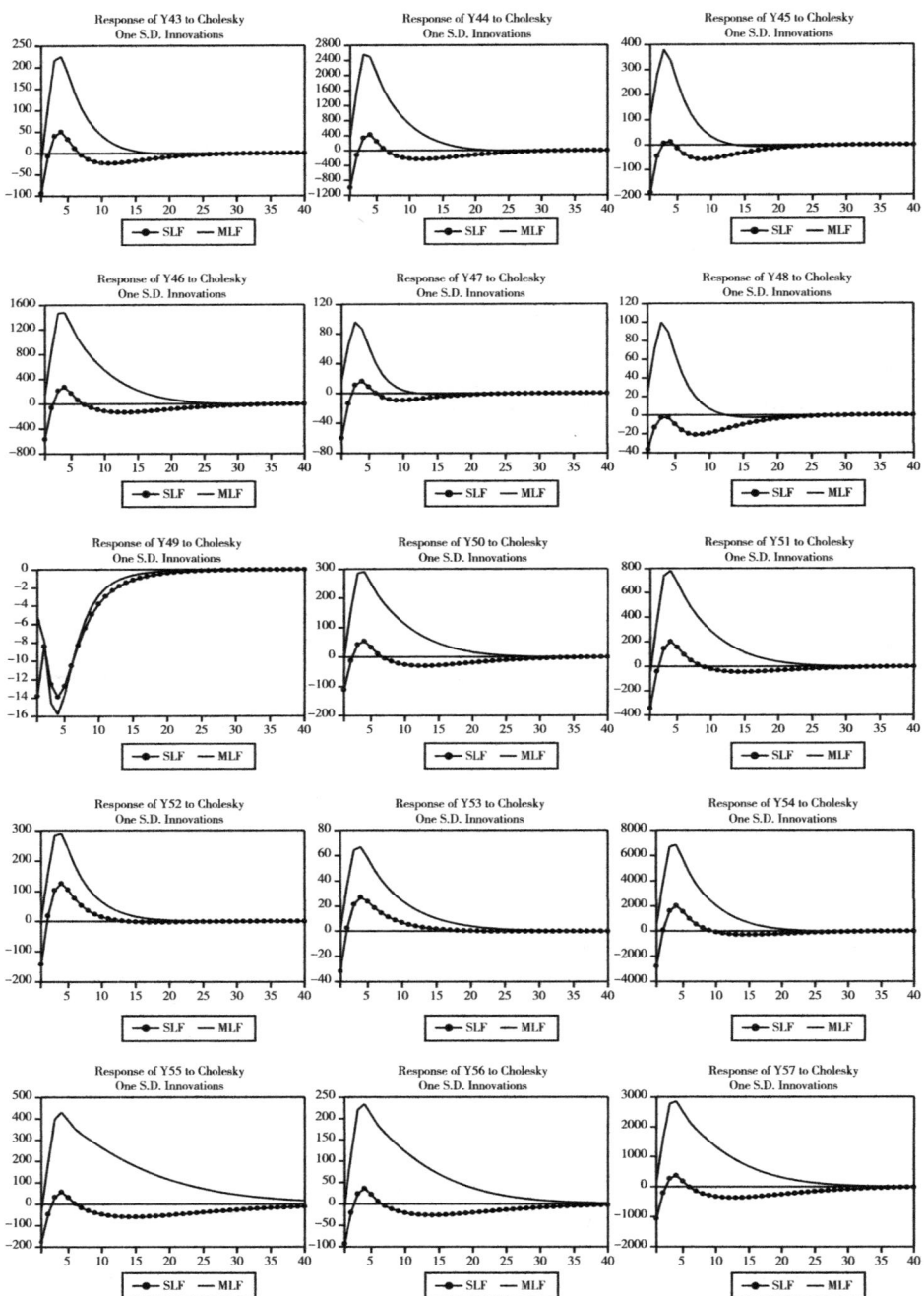

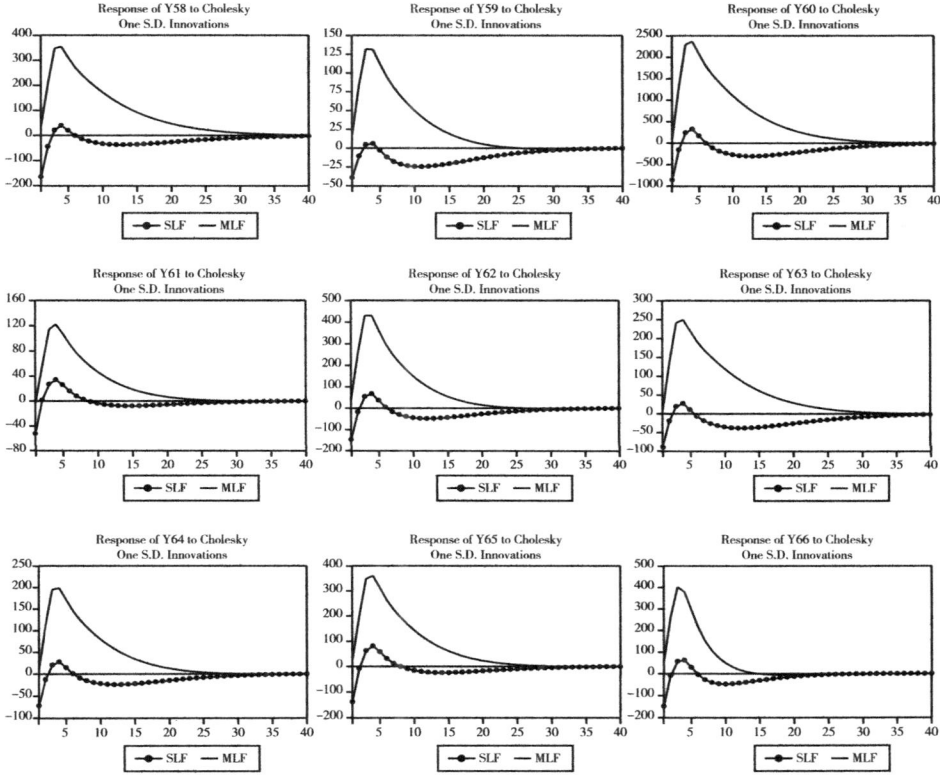

附录5 货币政策工具组合因子对区域投资的脉冲效果

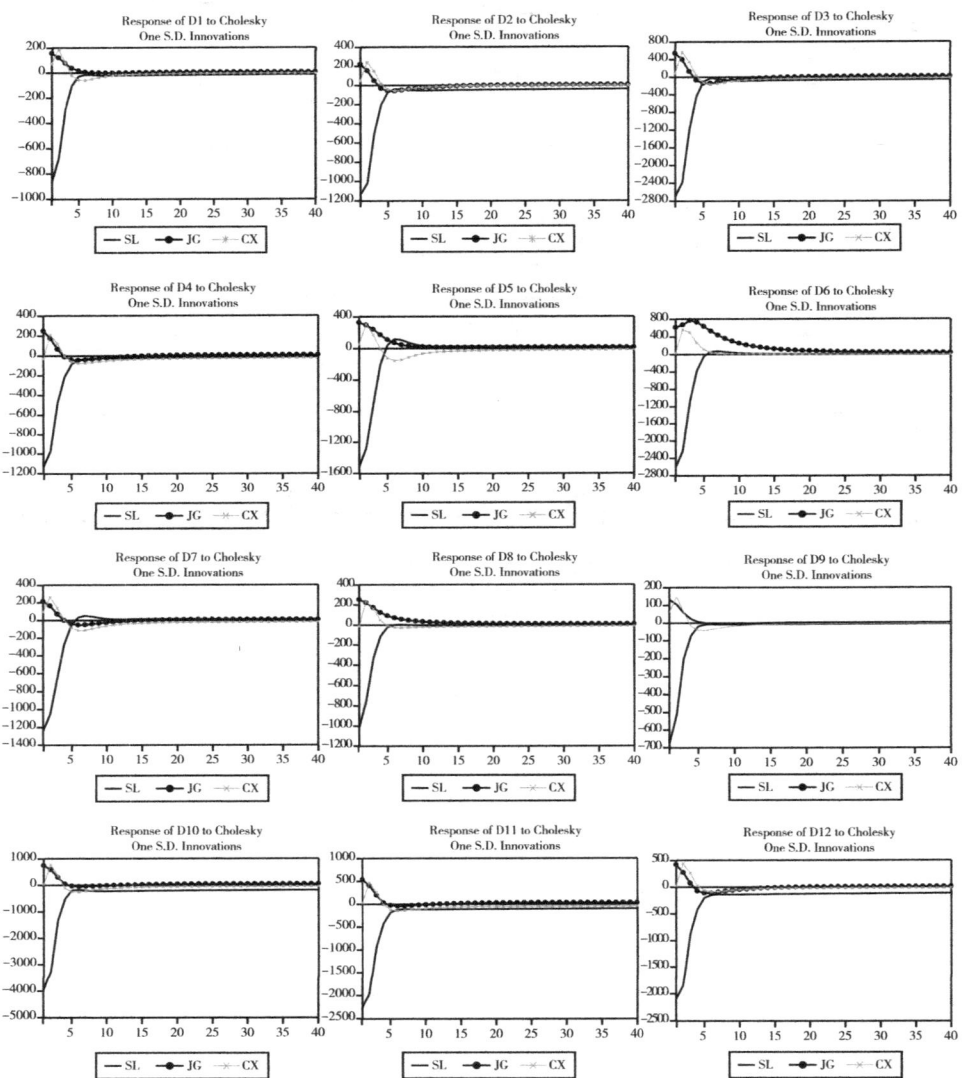

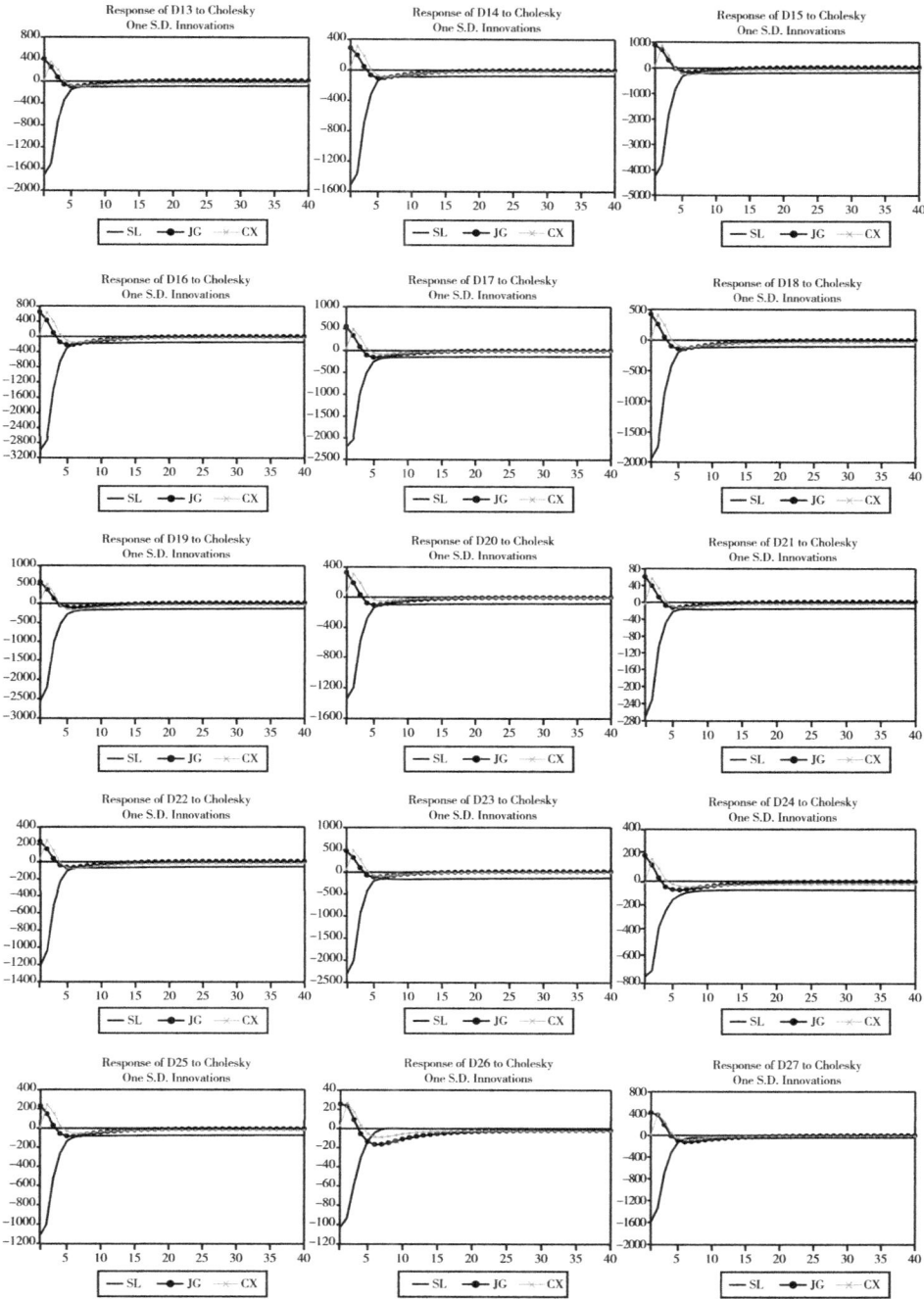

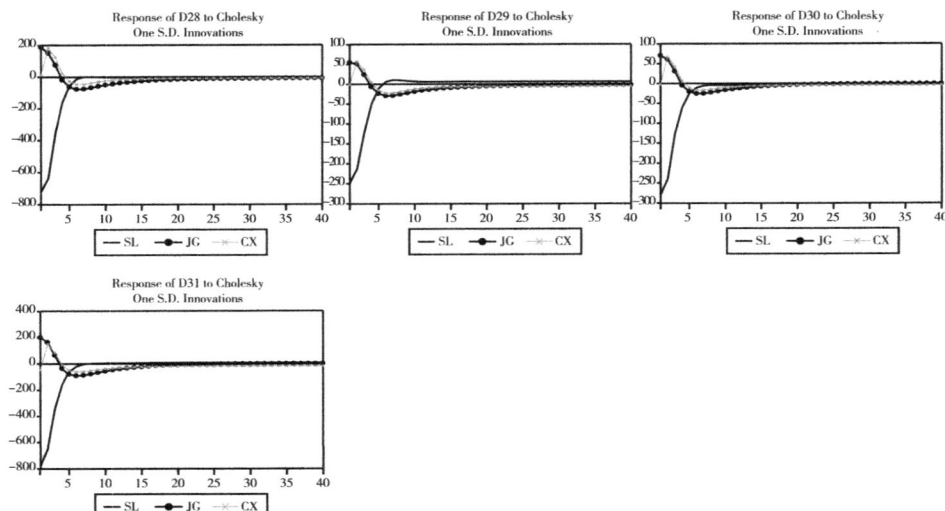

附录6 数量型货币政策工具对区域投资的脉冲效果

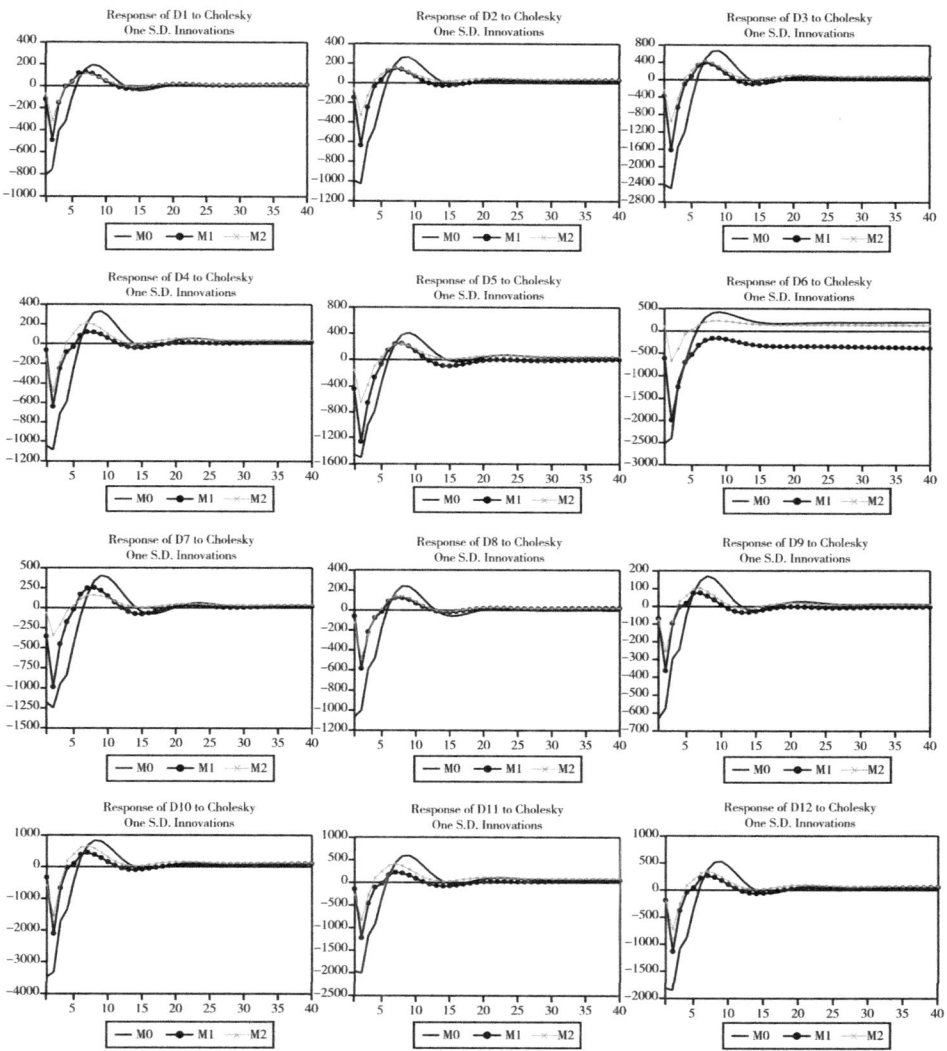

多种货币政策工具对投资的影响效应研究

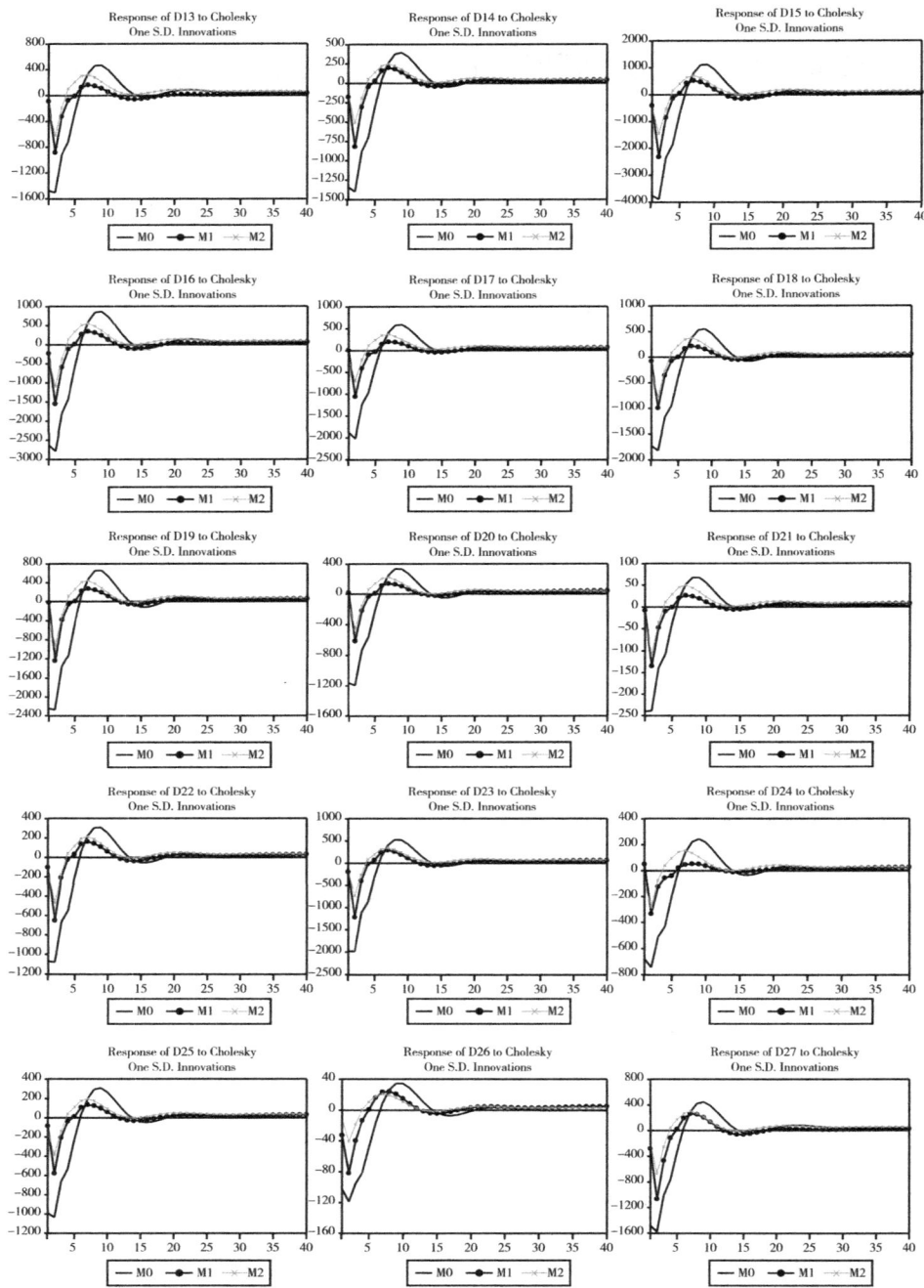

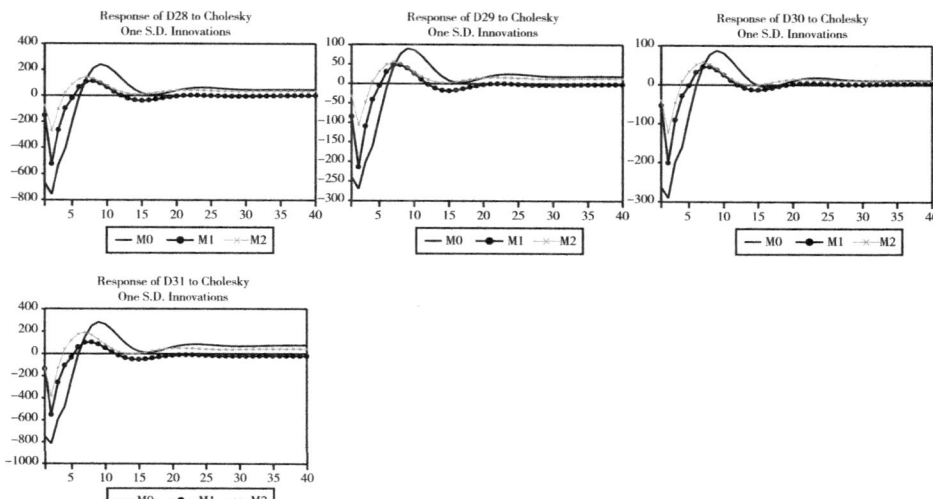

附录7 价格型货币政策工具对区域投资的脉冲效果

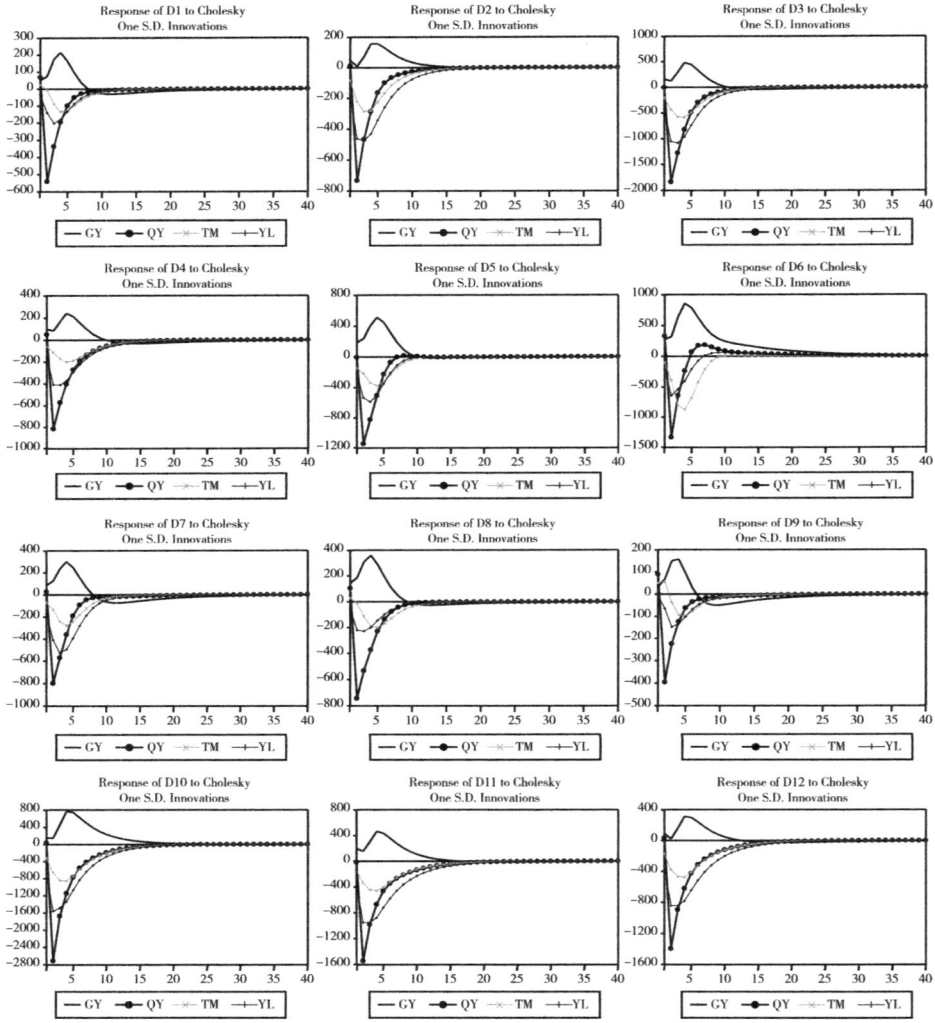

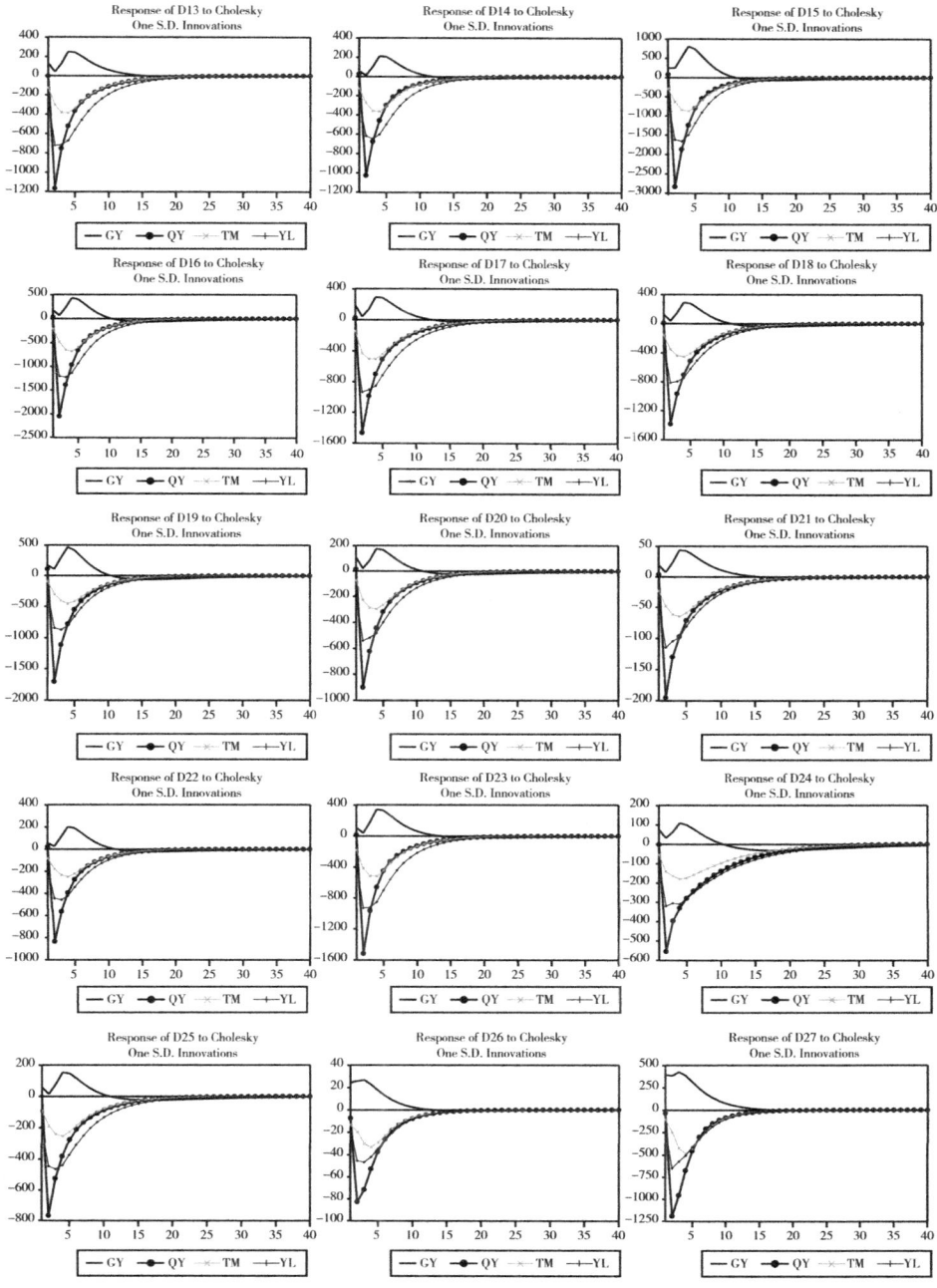

多种货币政策工具对投资的影响效应研究

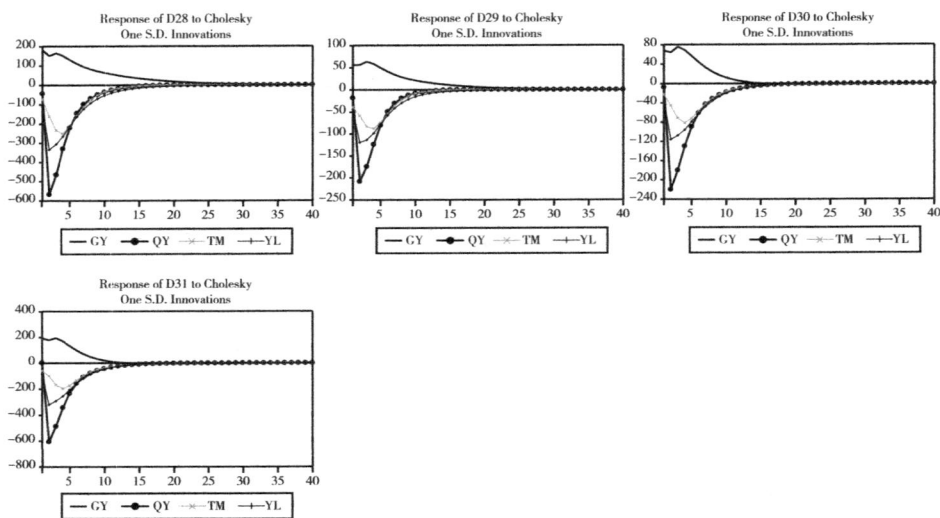

参 考 文 献

[1] Abbate A, Eickmeier S, Lemke W, et al. The Changing International Transmission of Financial Shocks: Evidence from a Classical Time – Varying FAVAR [J]. Journal of Money Credit & Banking, 2016, 48 (4): 573 – 601.

[2] Abozaid S, Zervou A. Financing of Firms, Labor Reallocation and the Distributional Role of Monetary Policy [J]. Working Papers, 2016.

[3] Abraham A, Cavalcanti T. Structural Factor – Augmented VARs (SFA-VARs) and the Effects of Monetary Policy [J]. Topics in Macroeconomics, 2006, 6 (3): 1443 – 1443.

[4] Aknouche, Abdelhakim. Causality Conditions and Autocovariance Calculations in PVAR Models [J]. Journal of Statistical Computation & Simulation, 2007, 77 (9): 769 – 780.

[5] Amisano G, Giannini C. Model Selection in Structural VAR Analysis [M] // Topics in Structural VAR Econometrics. Springer Berlin Heidelberg, 1997: 107 – 113.

[6] Arnold I J M, Vrugt E B. Regional Effects of Monetary Policy in the Netherlands [J]. International Journal of Business & Economics, 2012, 1 (2): 123 – 134.

[7] Bernanke B S, Blinder A S. The Federal Funds Rate and the Channels of Monetary Transmission [J]. American Economic Review, 1992, 82 (4): 901 – 921.

[8] Bernanke B, Gertler M. Agency Costs, Net Worth, and Business Fluc-

tuations [J]. American Economic Review, 1989, 79 (1): 14 – 31.

[9] Bernanke B S, Gertler M. Inside the Black Box: The Credit Channel of Monetary Policy Transmission [J]. Nber Working Papers, 1995, 9 (4): 27 – 48.

[10] Bernanke B S, Boivin J, Eliasz P. Measuring the Effects of Monetary Policy: A Factor – Augmented Vector Autoregressive (FAVAR) Approach [J]. Quarterly Journal of Economics, 2005, 120 (1): 387 – 422.

[11] Belviso F, Milani F. Structural Factor – Augmented VAR (SFAVAR) and the Effects of Monetary Policy [J]. Ssrn Electronic Journal, 2005, 6 (3): 1 – 46.

[12] Brana S, Djigbenou M L, Prat S. Global Excess Liquidity and Asset Prices in Emerging Countries: A PVAR Approach [J]. Emerging Markets Review, 2012, 13 (3): 256 – 267.

[13] Carlos Vargas Silva. The Effect of Monetary Policy on Housing: A Factor – Augmented Vector Autoregression (FAVAR) Approach [J]. Applied Economics Letters, 2008, 15 (10): 749 – 752.

[14] Cavallari L. Firms' Entry, Monetary Policy and the International Business Cycle [J]. Journal of International Economics, 2013, 91 (2): 263 – 274.

[15] Chakraborty, Sain, M. M, et al. Modeling Energy Consumption for the Generation of Microfibres from Bleached Kraft Pulp Fibres in a PFI Mill [J]. World Pulp & Paper, 2009, 2 (2): 210 – 222.

[16] Chiu C W, Mumtaz H, Pintér G. Forecasting with VAR Models: Fat Tails and Stochastic Volatility [J]. International Journal of Forecasting, 2017.

[17] Chowdhury A R, Fackler J S, Mcmillin W D. Monetary Policy, Fiscal Policy, and Investment Spending: An Empirical Analysis [J]. Southern Economic Journal, 1986, 52 (3): 794.

[18] Chudik A, Pesaran M H. Theory and Practice of GVAR Modeling [J]. General Information, 2014.

[19] Cologni A, Manera M. Oil Prices, Inflation and Interest Rates in a Structural Cointegrated VAR Model for the G7 Countries [J]. Energy Economics,

2008, 30 (3): 856 -888.

[20] Dees S, Mauro F D, Pesaran M H, et al. Exploring the International Linkages of the Euro Area: A Global Var Analysis [J]. Journal of Applied Econometrics, 2007, 22 (1): 1 -38.

[21] Farès J, Srour G. The Monetary Transmission Mechanism at the Sectoral Level [J]. Staff Working Papers, 2002, 2 (4): 214.

[22] Fisher P A. Why Do Not Financial Analysts Make More Money? [J]. Financial Analysts Journal, 2005, 10 (2): 65 -67.

[23] Farvaque E, Hammadou H, Stanek P. Selecting Your Inflation Targeters: Background and Performance of Monetary Policy Committee Members [J]. German Economic Review, 2011, 12 (2): 223 -238.

[24] Fielding D, Lee K, Shields K. The Characteristics of Macroeconomic Shocks in the CFA Franc Zone [J]. Wider Working Paper, 2004, 13 (4): 488 -517.

[25] Friedman, Milton. The Role of Monetary Policy [J]. The American Economic Review. 1968, 58 (1): 1 -17.

[26] Fuster A. Regional Heterogeneity and Monetary Policy [J]. Social Science Electronic Publishing, 2015.

[27] Ganley J, Salmon C. The Industrial Impact of Monetary Policy Shocks: Some Stylised Facts [J]. Bank of England Working Papers, 1997.

[28] Gertler M, Gilchrist S. Monetary Policy, Business Cycles, and the Behavior of Small Manufacturing Firms [J]. Quarterly Journal of Economics, 1994, 109 (2): 309 -340.

[29] Gregorio J D. Monetary Policy and Financial Stability: An Emerging Markets Perspective [J]. International Finance, 2010, 13 (1): 141 -156.

[30] Ibrahim, Bin A B. Kidnapping and Hostage - Taking in Malaysian Law and Islamic Law: A Comparative Study [D]. The University of Birmingham, 2005.

[31] Hill J B. Efficient Tests of Long - Run Causation in Trivariate VAR Processes with a Rolling Window Study of the Money - Income Relationship [J].

Journal of Applied Econometrics, 2007, 22 (4): 747 - 765.

[32] Jr R E L. Expectations and the Neutrality of Money [J]. Journal of Economic Theory, 1972, 4 (2): 103 - 124.

[33] Hayo B, Uhlenbrock B. Industry Effects of Monetary Policy in Germany [J]. Macroeconomics, 1999, 1: 127 - 158.

[34] Keynes, J. M. The General Theory of Employment, Interest and Money [M]. London: Macmillan, 1936.

[35] Kashyap A K, Stein J C. Monetary Policy and Bank Lending [J]. Nber Working Papers, 1993, 83 (11): 2077 - 2092.

[36] Olatunji Toyin E Author Work Place - Name: Nigeria. Investment in Fixed Assets and Firm Profitability: Empirical Evidence from the Nigerian Banking Sector [J]. Asian Journal of Social Sciences & Management Studies, 2015, 1 (3).

[37] Owyang M, Wall H J. Structural Breaks and Regional Disparities in the Transmission of Monetary Policy [J]. Working Papers, 2004.

[38] Pesaran M H, Schuermann T, Weiner S M. Modeling Regional Interdependencies Using a Global Error - Correcting Macroeconometric Model [J]. Journal of Business & Economic Statistics, 2004, 22 (2): 129 - 162.

[39] Peersman G, Smets F. The Industry Effects of Monetary Policy in the Euro Area [J]. Economic Journal, 2005, 115 (503): 319 - 342.

[40] Potts T, Yerger D. Variations Across Canadian Regions in the Sensitivity to U. S. Monetary Policy [J]. Atlantic Economic Journal, 2010, 38 (4): 443 - 454.

[41] Raddatz C E, Rigobon R. Monetary Policy and Sectoral Shocks: Did the Federal Reserve React Properly to the High - Tech Crisis? [J]. Policy Research Working Paper, 2003.

[42] Sims C A. Comparison of Interwar and Postwar Business Cycles: Monetarism Reconsidered [J]. American Economic Review, 1980, 70 (2): 250 - 257.

[43] Stock, James H, and M. W. Watson. Has the Business Cycle Changed and Why? National Bureau of Economic Research, Inc, 2002.

[44] Thomas J, Worrall T S. Dynamic Relational Contracts with Credit Constraints [J]. School of Economics Discussion Paper, 2010.

[45] TF Cooley and V Quadrini. Monetary Policy and the Financial Decisions of Firms [J]. Economic Theory, 2006, 27 (1): 243-270.

[46] Win Y, Masada T. Exploring Technical Phrase Frames from Research Paper Titles [J]. IEEE, 2015: 558-563.

[47] Waheed M, Alam T, Ghauri S P. Structural Breaks and Unit Root: Evidence from Pakistani Macroeconomic Time Series [J]. Ssrn Electronic Journal, 2006.

[48] Zulkefly Abdul Karim, W. N. W. Azman-Saini. Firm-Level Investment and Monetary Policy in Malaysia: Do the Interest Rate and Broad Credit Channels Matter? [J]. Journal of the Asia Pacific Economy, 2013, 18 (3): 396-412.

[49] 巴曙松, 曾智, 王昌耀. 非传统货币政策的理论、效果及启示 [J]. 国际经济评论, 2018 (2): 146-161, 8.

[50] 陈静. 量化宽松货币政策的传导机制与政策效果研究——基于央行资产负债表的跨国分析 [J]. 国际金融研究, 2013 (2): 16-25.

[51] 崔建军. 货币政策发挥调控作用的约束条件——供给曲线斜率与货币政策调控效率 [J]. 陕西师范大学学报: 哲学社会科学版, 2017 (5): 16-23.

[52] 高云艳. 陕西省民间资本投资银行业的发展现状及未来趋势——丝绸之路经济带战略视角 [J]. 改革与战略, 2014 (12): 59-63.

[53] 戴金平, 金永军. 货币政策的行业非对称效应 [J]. 世界经济, 2006 (7): 46-55.

[54] 郭晔, 黄振, 王蕴. 未预期货币政策与企业债券信用利差——基于固浮利差分解的研究 [J]. 金融研究, 2016 (6): 67-80.

[55] 辜胜阻, 曹誉波, 李洪斌. 激发民间资本在新型城镇化中的投资活力 [J]. 经济纵横, 2014 (9): 1-10.

[56] 辜胜阻, 刘江日, 曹誉波. 民间资本推进城镇化建设的问题与对策 [J]. 当代财经, 2014 (2): 5-11.

[57] 滑冬玲. 货币政策对企业生产效率的影响: 不同所有制企业的对比分析 [J]. 管理世界, 2014 (6): 170-171.

[58] 黄宪, 白德龙. 中国货币政策对经贸关联国货币政策的外溢影响研究——基于"一带一路"相关国的证据 [J]. 国际金融研究, 2017, 361 (5): 15-24.

[59] 何国华, 黄明皓. 开放条件下货币政策的资产价格传导机制研究 [J]. 世界经济研究, 2009 (2): 12-18.

[60] 黄佳琳, 秦凤鸣. 中国货币政策效果的区域非对称性研究——来自混合截面全局向量自回归模型的证据 [J]. 金融研究, 2017 (12): 1-16.

[61] 黄正新, 舒芳. 中国货币政策利率传导机制及其效应的实证 [J]. 统计与决策, 2012 (22): 146-149.

[62] 黄飞雪, 王云. 基于SVAR的中国货币政策的房价传导机制 [J]. 当代经济科学, 2010, 32 (3): 26-35.

[63] 黄小英, 许永洪, 温丽荣. 商业银行同业业务的发展及其对货币政策信贷传导机制的影响——基于银行微观数据的GMM实证研究 [J]. 经济学家, 2016 (6): 24-34.

[64] 蒋益民, 陈璋. SVAR模型框架下货币政策区域效应的实证研究: 1978—2006 [J]. 金融研究, 2009 (4): 180-195.

[65] 蒋瑛琨, 刘艳武, 赵振全. 货币渠道与信贷渠道传导机制有效性的实证分析——兼论货币政策中介目标的选择 [J]. 金融研究, 2005 (5): 70-79.

[66] 金春雨, 吴安兵. 金融状况视角下货币政策的区域非对称效应研究——基于G20国家的PSTR模型分析 [J]. 国际金融研究, 2017, 365 (9): 14-24.

[67] 梁帅, 韩学广. 民间投资影响产业转型升级: 作用、机理及实证分析 [J]. 上海经济研究, 2014, 11: 54-61.

[68] 李世美. 房地产价格的货币政策传导效应研究 [D]. 中南大

学，2012.

［69］芦国军，曹家波. 考虑货币的时间价值的风险型决策问题研究——以固定资产投资为例［J］. 中外企业家，2015（32）.

［70］刘希章，李富有，南士敬. 民间投资运行特征及经济增长效应分析——基于区域差异视角［J］. 经济与管理研究，2015（7）：12-18.

［71］李青原，王红建. 货币政策、资产可抵押性、现金流与公司投资——来自中国制造业上市公司的经验证据［J］. 金融研究，2013（6）：31-45.

［72］刘晴辉. 货币政策、企业行为与商业周期——基于动态随机一般均衡的模拟分析［D］. 复旦大学，2010.

［73］刘立峰. 民间投资增速下滑现象透视［J］. 宏观经济管理，2016（8）：38-42.

［74］马勇，陈雨露. 经济开放度与货币政策有效性：微观基础与实证分析［J］. 经济研究，2014（3）：35-46.

［75］马骏，王红林. 政策利率传导机制的理论模型［J］. 金融研究，2014（12）：1-22.

［76］庞念伟. 货币政策在产业结构升级中的非对称效应［J］. 金融论坛，2016（6）：16-26.

［77］彭俞超，方意. 结构性货币政策、产业结构升级与经济稳定［J］. 经济研究，2016（7）：29-42.

［78］钱雪松，杜立，马文涛. 中国货币政策利率传导有效性研究：中介效应和体制内外差异［J］. 管理世界，2015（11）：11-28.

［79］宋献中，吴一能，宁吉安. 货币政策、企业成长性与资本结构动态调整［J］. 国际金融研究，2014，331（11）：46-55.

［80］孙皓，石柱鲜. 中国利率期限结构中的宏观经济风险因素分析——基于宏观—金融模型的研究途径［J］. 经济评论，2011（3）：36-42.

［81］王筱萍. 民间资本联盟与技术创新风险投资对接的风险分担机制研究［J］. 财会通讯，2015（5）：107-110.

［82］文先明，江辉，曹滔，等. 基于SVAR模型的货币政策对企业经

营影响研究——以工业、房地产业、信息和计算机软件业为例 [J]. 经济数学, 2011, 28 (4): 52 - 57.

[83] 王剑, 刘玄. 货币政策传导的行业效应研究 [J]. 财经研究, 2005, 31 (5): 104 - 111.

[84] 王先柱, 毛中根, 刘洪玉. 货币政策的区域效应——来自房地产市场的证据 [J]. 金融研究, 2011 (9): 42 - 53.

[85] 徐梅. 经济周期与金融资产投资协动性关系研究——基于货币政策影响的视角 [J]. 统计与信息论坛, 2015, v.30; No.182 (11): 12 - 17.

[86] 谢军, 黄志忠, 何翠茹. 宏观货币政策和企业金融生态环境优化——基于企业融资约束的实证分析 [J]. 经济评论, 2013 (4): 116 - 123.

[87] 杨涛. 改变民间投资发展困境 [J]. 中国党政干部论坛, 2016 (9): 97.

[88] 杨郁. 论私募股权基金对民间投资的拉动效应及法律规制 [J]. 求索, 2013 (1): 199 - 201.

[89] 叶茜茜. 民间资本投资偏好及其脆弱性的实证检验 [J]. 统计与决策, 2016 (16): 167 - 170.

[90] 岳媛媛, 龚驹. 货币政策冲击、企业社会资本与固定资产投资 [J]. 投资研究, 2017 (2): 147 - 160.

[91] 袁申国, 卢万青. 中国货币政策行业投资效应的差异性分析 [J]. 经济经纬, 2009 (6): 9 - 12.

[92] 闫红波, 王国林. 我国货币政策产业效应的非对称性研究——来自制造业的实证 [J]. 数量经济技术经济研究, 2008, 25 (5): 17 - 29.

[93] 于则. 我国货币政策的区域效应分析 [J]. 管理世界, 2006 (2): 18 - 22.

[94] 余靖雯, 郑少武, 龚六堂. 政府生产性支出、国企改制与民间投资——来自省际面板数据的实证分析 [J]. 金融研究, 2013 (11): 96 - 110.

[95] 赵静, 陈晓, ZhaoJing, 等. 货币政策、政治联系与企业投资 [J]. 重庆大学学报 (社会科学版), 2016, 22 (2): 50 - 59.

[96] 张辉, 黄泽华. 我国货币政策利率传导机制的实证研究 [J]. 经

济学动态,2011(3):54-58.

[97] 朱新蓉,李虹含.货币政策传导的企业资产负债表渠道有效吗?——基于2007—2013年中国数据的实证检验[J].金融研究,2013(10):15-27.

[98] 祝继高,陆正飞.货币政策、企业成长与现金持有水平变化[J].管理世界,2009(3):152-158.

[99] 赵振宇,王斐俊.解决民间资本参与创业投资瓶颈的对策[J].经济纵横,2013(12):53-56.

[100] 张雪春,徐忠,秦朵.民间借贷利率与民间资本的出路:温州案例[J].金融研究,2013(3):1-14.

[101] 赵伟,朱永行,王宇雯.中国货币政策工具选择研究[J].国际金融研究,2011(8):13-26.

后　记

近年来，我国固定资产投资增速在下降，投资对经济增长的带动作用减弱。我国全社会固定资产投资增速在2009年达到25.7%的高峰后，就开始逐渐回落，但在2010—2014年仍然保持两位数的高增长，且高于社会消费品零售总额增速。2015年开始，全社会固定资产投资增速下降至个位数。2021年，全社会固定资产投资增速为4.9%。根据世界银行的数据，我国ICOR一直处于上升状态，2008年之前，我国ICOR低于4，年均ICOR为3.3；2008年开始我国ICOR处于上升状态，2008年至今，年均ICOR为6.9。与日韩处于相似增长阶段时的水平相比，我国现阶段的ICOR数值明显偏高。日本在处于工业化向城市化转型的20世纪六七十年代，韩国在实行新经济计划、大力推动产业结构改革的20世纪八九十年代，ICOR基本维持在2~4的水平。

一是民间投资持续低迷。"十三五"时期，除2018年，民间投资增速都要低于整体投资增速，最高时相差4.5个百分点。民间投资占投资的比重从2015年的58.8%下降至2020年的55.7%，下降了3.1个百分点。从资本形成的构成来看，2014—2018年，政府部门资本形成在全部资本形成中的占比逐渐上升，2018年，政府部门资本形成占比从2012—2013年10.3%上升至17.5%，上升了7.2个百分点。民间投资增速下降，主要受制造业投资增速下降的影响。根据统计局公布的2017年分行业固定资产投资规模数据计算，制造业投资中近九成属于民间投资，民间投资中约45%属于制造业投资。

二是民生领域的短板仍比较突出。我国主要民生领域投资占比经历了先下降后上升的过程。教育领域固定资产投资占比从2002年的3.5%下降至2013年的1.2%，2017年上升至1.8%。2018—2020年，教育领域固定资产投资增速依次为7.6%、17.7%和12.3%，高于整体固定资产投资增速，教育领域固定资产投资占比继续上升。2003—2013年，卫生和社会工作领域固定资产投资占比基本保持在0.7%~0.9%的波动，2014年开始逐渐增加，2017年占比增加值1.2%。2018—2020年，卫生和社会工作领域固定资产投资增速依次为8.4%、5.3%和26.8%，高于整体固定资产投资增速，占比继续增加。居民服务、修理和其他服务业固定资产投资占比从2003年的0.1%上升至2012—2015年的0.5%后开始下降，2016—2017年下降至0.4%。2018—2020年，该领域固定资产投资增速分别为-13.9%、-9.9%和-2.9%，连续三年负增长，在固定资产投资中的比重继续下降。

三是政府投资对民间投资的撬动明显减弱。2009年，为了应对全球金融危机的不利冲击，中央出台了一揽子财政刺激计划，当年基础设施投资增长创下有统计数据以来的最高增速42.2%。2010年，在高基数影响下，投资增速依旧达到18.5%。政府投资大幅增长弥补了外需萎缩造成的冲击，民间投资在政府投资带动下，继续保持高速增长，2009—2011年，民间投资增速分别为33.7%、32.1%和34.2%。2013—2014年，基础设施投资增速保持在20%以上，2015—2017年，增速也维持在15%以上，但是，对民间投资的拉动作用却明显减弱，2015年、2016年，民间投资增速下降至8.8%、2.8%。

因此，在这样的背景下，完善宏观调控跨周期设计和调节，实现稳增长和防风险长期均衡迫在眉睫。周期性因素和结构性因素叠加、短期问题和长期问题交织的复杂环境，对政策制定水平提出了更高的要求。一方面，要控制政策出台的节奏，保持经济运行在合理区间；另一方面也要把握政策刺激的力度，避免带来资产价格泡沫等问题，在正常的货币政策空间的诉求下，结构性货币政策工具显然是目前的关键抓手，是货币政策助力当前稳增长的"主引擎"。结构性货币政策工具可以表明中国人民银行的政策导向，资金具有杠杆作用，可以充分利用商业银行了解企业、了解项目的信息和业务优势，同时可以促进资金有针对性地"直达"目标群体等优点，因此相对于降准、降息等总量货币政策工具，更有利于实现"精准滴灌"，花小钱办大事。但长期以来货币政策被认为是总量政策，至今仍有很多人这么认为。其实结构性货币政策也会有总量效应，钱是会流动的，因此精准都是相对的。结构性货币政策在较少使用的时候，因为总量较小，对货币总量的影响也有限，可以基本忽略其总量效应。

本书抛砖引玉，从投资的宏观、中观、微观层面，研究不同的货币政策工具对其产生的不同影响，对如何更好发挥货币政策的作用提出了建议，希望为后来的研究开拓思路，也为货币政策制定者提供一些思路。

在本书成稿的过程中得到了国家发展和改革委员会投资研究所和中国社会科学院大学（研究生院）投资系的各位领导、老师的指导帮助和大力支持，您们科学严谨的学术精神和高屋建瓴的指导总是让我受益匪浅，在此对各位老师致以深深的谢意！感谢中国财政经济出版社的各位老师，您们对于书稿的严谨和对待出版事业的专业精神，为本书的科学规范奠定了基础保障，中间的修改过程凝聚了你们的智慧和心血。

感谢我的父母，一直支持我求学、上进，把无私的爱全部都给了我，无论顺境逆境都永远站在身后鼓励我，教会我奋斗与坚持，更教会我善良与踏实。再多的话语都无以表达我对父母的感激、感恩和感谢之情，唯有不断奋斗，让父母安心、放心、舒心。感谢我的丈夫，是我最坚强的后盾，在我最迷茫和无助的时候，一直给我鼓励和帮助。最后要特别感谢的是我的儿子，因为你妈妈才更加果敢向前，你纯净的眼神告诉妈妈要永葆一颗赤子之心，未来我们一起成长，一起加油！

限于研究水平，本书难免存在不足之处，请学术界同仁指正！

赵惠
2022年5月